经济管理学术文库·管理类

我国制造业出口
技术结构升级的机制和对策研究

The research on mechanism and countermeasure of
China's technical structure on manufacturing export trade

郭惠君 / 著

经济管理出版社
ECONOMY & MANAGEMENT PUBLISHING HOUSE

图书在版编目（CIP）数据

我国制造业出口技术结构升级的机制和对策研究/郭惠君著. —北京：经济管理出版社，2020.11

ISBN 978 - 7 - 5096 - 7437 - 6

Ⅰ. ①我… Ⅱ. ①郭… Ⅲ. ①制造工业—出口—技术结构—研究—中国 Ⅳ. ①F426.4

中国版本图书馆 CIP 数据核字（2020）第 158456 号

组稿编辑：张巧梅
责任编辑：张巧梅
责任印制：赵亚荣
责任校对：陈晓霞

出版发行：经济管理出版社
　　　　　（北京市海淀区北蜂窝 8 号中雅大厦 A 座 11 层　100038）
网　　址：www. E - mp. com. cn
电　　话：(010) 51915602
印　　刷：唐山昊达印刷有限公司
经　　销：新华书店
开　　本：720mm × 1000mm/16
印　　张：10.75
字　　数：170 千字
版　　次：2021 年 2 月第 1 版　　2021 年 2 月第 1 次印刷
书　　号：ISBN 978 - 7 - 5096 - 7437 - 6
定　　价：78.00 元

·版权所有　翻印必究·

凡购本社图书，如有印装错误，由本社读者服务部负责调换。
联系地址：北京阜外月坛北小街 2 号
电话：(010) 68022974　邮编：100836

前　言

　　1992 年以来，我国制造业出口总额占货物出口总额的比重已超过 85%，2015 年这一比重达到94.3%，我国制造业出口额占世界制造业出口额的比重也呈现稳定增长态势，到 2014 年达到 18%。我国已是制造业出口大国，然而"大"不是目的，"强"才是必然选择。当前我们强调要把经济发展的着力点放在实体经济上，促使"中国制造"跃入全球价值链的中高端节点。出口企业比非出口企业具有更高的劳动生产率（Bernard and Jensen，1999），因此制造业出口技术结构升级不仅体现了我国制造业的国际竞争力，也昭示着中国制造向高质量发展的必然过程，构成了现阶段中国经济结构转型的关键部分。

　　在全球价值链分工背景下，虽然我国制造业出口不断扩大，但其仍位于价值链的中低端。尽管我国制造业出口技术结构不断提升，但与发达国家相比还有一定的差距。我国制造业所面临的内部环境和外部环境发生了重大变化，国内方面，伴随着我国经济的巨大成就，制造业从业者工资水平从 1980 年到 2015 年增长了大约 14 倍，且劳动力人口在 2012 年后开始减少，这增加了工资上涨的压力；国际方面，美国提出重返制造业，德国提出了工业 4.0 战略，贸易保护主义抬头，贸易政策多变。

　　在全球贸易环境和工资上涨的压力下，我国制造业出口技术结构升级的要求就更加的迫切，提升我国制造业出口技术结构不仅是我国制造业向全球价值链中高端发展的表现，更是我国经济向高质量发展的重要体现。在此背景下，本书以我国制造业出口技术结构为研究对象，以出口技术内生增长模型和 Haumann 模型为基础剖析了影响制造业出口技术结构升级的深层次机理，并对出口技术结构升级的机制进行了系统的理论分析；从多视角考察我国制造业出口技术结构的现状，横向比较了我国和日本制造业出口技术结构的差异，并对我国制造业出口技术结构的影响因素进行了实证检验，得出了一些具有实践意义的结论，在此基础上提供了一些政策建议。

本书的研究主要包含四大部分：

第一部分是导论和文献综述，包括第1章和第2章，主要做了选题的相关介绍和文献综述。第1章着重介绍了选题背景、选题目的和选题意义，本书的结构、研究方法和技术路线，可能性创新和存在的不足。第2章首先是出口技术结构升级的理论综述，分别从比较优势理论、相似需求理论、产业内贸易理论、异质性企业理论、产品空间及比较优势演化理论方面进行了理论梳理；其次是出口技术结构的测算方法的综述，包括贸易分类法、显示性比较优势、出口复杂度指数、出口复杂度指数的修正、出口相似度、全球价值链指数，并指出本书在实证分析出口技术结构时采用了以国内增加值计算出口复杂度，并对现有测算方法中存在的问题进行了改进；最后是出口技术结构的相关研究，分别梳理了垂直化分工、FDI、金融发展、基础设施、知识产权保护等与出口技术结构的关系。

第二部分是机理分析，即第3章。本章内容主要包括以下三点：首先分析了制造业出口技术结构升级的内涵；其次在内生技术增长模型框架下，以Hausmann（2006）模型为基础，深入探讨了制造业出口技术结构升级的机理，制造业出口技术结构升级取决于外部知识积累（外商直接投资、对外贸易）、内部知识积累（人力资本积累、研发投入）和其他因素（基础设施、金融服务、政策措施）；最后是对制造业出口技术结构升级的途径分析，分别从技术溢出途径、人力资本途径、规模经济途径、成本节约途径进行了深入探讨。

第三部分是现状分析，即第4章和第5章。第4章笔者分别收集了国别数据和省级数据，测算了不同层面不同行业的出口技术结构相关指标。第一，笔者搜集了SITC rev.2三位编码的2002~2015年出口数据、WIOD2016的43个国家2000~2014年分行业的出口增加值数据及各国人均GDP的数据，测算了我国制造业总体的出口复杂度、全球价值链地位指数，分行业的出口复杂度及显示性比较优势指数等。第二，笔者搜集了我国各省份2009~2016年分行业的出口数据及各省人均GDP的数据，测算了各省制造业的出口复杂度及各省分行业的出口复杂度。在此基础上，首先梳理了我国制造业出口技术结构的演进，其次从不同角度分析了我国制造业出口技术结构的现状，最后与日本制造业的出口技术结构进行了横向比较。第5章是我国制造业出口技术结构升级的机制及制约因素，第一，从宏观角度分析了全球制造业发展的新态势及我国制造业发展的新特点，复杂多变的内外部条件，对我国出口技术结构既是机遇也是挑战；第二，深入探讨了制造业出口技术结构升级的机制；第三，具体分析了影响我国制造业出口技术结构升级的制约因素。由于外部条件的不确定性不断增加，内部因素成为现阶段影响我国制造业出口技术结构升级的主要制约因素。

第四部分是实证分析，即第6章。基于我国31个省份2009～2015年的面板数据对我国出口技术结构升级进行了实证分析。以人力资本积累、R&D投入、外商直接投资为解释变量，以开放程度、人均固定资产为控制变量分别进行了静态面板回归和动态面板回归。为了分析各时期的不同影响，本章分两个时间段进行了实证检验，为了深入挖掘影响东中西部地区出口技术结构升级的影响因素，本章将31个省份分为东中西3个区域进行了实证分析。结果显示：人力资本积累、研发投入显著促进了出口技术结构的升级，且人力资本积累的作用越来越明显。

通过理论及实证分析得出以下结论：

第一，我国制造业出口技术结构逐渐提升，但仍处于价值链分工的中低端。我国制造业出口技术结构逐渐提升，低技术行业和高技术行业的出口技术结构提升得较快，中等技术行业的出口技术结构提升不明显；从全球价值链分工的角度来看，我国参与垂直化分工越来越多，后向参与度大于前向参与度，虽然在全球价值链分工体系中的地位有所上升，但仍处于中低端位置。

第二，我国制造业出口技术结构行业发展不协调，区域间有较大差距。首先各省之间的制造业出口技术结构有较大差距，31个省份高于均值水平的有18个，低于均值水平的有13个，其中出口技术水平较高的省份主要位于东部，出口技术水平较低的省份主要位于西部；其次各省份具有比较优势的产品多数为低技术产品，高技术产品占比较少。

第三，人力资本和研发投入是出口技术结构升级的关键。产品是一国知识和能力的载体，人力资本和研发投入显著促进了我国制造业出口技术结构的升级。

从区域角度看，人力资本积累对出口技术结构升级的作用，东部地区最大，中部地区次之，西部地区最小。研发投入对出口技术结构升级的作用，西部地区最大，东部地区次之，中部地区最小。开放程度对出口技术结构升级的作用，中部地区最大，东部地区次之，西部地区最小。东部地区外商直接投资促进出口技术结构升级的系数最大、影响最大，西部地区外商直接投资对出口技术结构的作用不显著。

目　录

1　导　论

1.1　选题背景、目的和意义

1.1.1　选题背景

党的十九大报告提出，建设现代化经济体系，必须把发展经济的着力点放在实体经济上，把提高供给质量作为主攻方向，显著增强我国经济质量优势。当前，全球制造业竞争发生了深刻的变化，表现为更高水平、更多维度、更深层次的全方位竞争。加快建设制造强国，加快发展先进制造业，不仅培育了先进制造业集群，也使我国制造业迈向全球价值链的中高端。

随着国际分工的发展与深化，2014年中国进出口贸易总额突破4万亿美元并成为世界第一贸易大国，我国出口额中90%以上是工业制成品，在我国出口贸易中占有绝对大的份额，"大"已不是目标，"强"才是必然选择。新常态下，经济增速放缓，经济结构不断优化成为现阶段的核心环节，出口技术结构优化升级是我国现阶段促进经济结构转型的关键部分。尽管我国出口的比较优势从原材料领域转变到制成品领域，制成品出口的技术含量也得到了显著提升，但问题也大量存在，例如加工贸易比重高、高能耗产品出口量大、出口产品附加值低、出口产品空间密度小等。长期以来，中国制造业处于无核心技术、无品牌、无系统之境，缺乏创新又不敢创新，众多高技术产品依赖进口，例如高端材料、高端医疗装备远未实现自主供给，主要依赖进口，很多重要专利药物市场绝大多数被外国公司占据等①。即使是中国出口统计中出现的大量较高技术含量的产品，也只是处于整个生产链条中的低附加值或者低技术含量的生产环节②。我国制造业出口技术结构升级是新时代发展先进制造业的必然选择。我国制造业出口在迈向更高端的过程中面临了双重挑战：一方面，在中低端领域发展中国家的低成本竞争激烈，我国劳动力成本优势逐渐丧失；另一方面，在中高端领域发达国家以品牌质量稳站高地，牢牢控制重点领域的关键核心技术，并且在国际标准制定上拥有较多的话语权。在出口大规模扩张的同时，国内外关于出口技术结构的研究受到了广泛的关注（关志雄，2002；Lall et al.，2006；Hausmann and Klinger，2007；Ferrarini and Scaramozzino，2015），如何实现中国制造业出口技术结构升级成为亟待解决的问题。

1.1.2 选题目的

通过对中国制造业出口技术结构横向分析和纵向分析，有助于正确地认识中国制造业发展的脉络、认清中国制造业出口在国际上的地位及比较优势；结合出口内生技术进步模型和 Hausmann，有助于揭示影响企业做出创新决策的内在机制及产品升级的方向；通过对中国制造业出口技术结构升级的系统研究，将为新常态下中国制造业出口技术结构优化提出相关政策建议。选择这样一个论题的意义和目的将从以下几个方面具体阐述：

首先，如表 1 - 1 所示，全球 2010 年制造业出口占货物出口比例的 71.3%，2015 年为 69.7%，2018 年为 68.7%；我国 2010 年制造业出口占总出口的 88.2%，2015 年为 94.3%，2018 年为 93.4%。制造业贸易在我国贸易中的重要性一目了然，制造业的出口技术结构是产业结构的重要体现。研究制造业出口技术结构升级不仅与我国出口效益密切相关，也是新常态下经济结构改革的必要组成部分。

---

① http://cpc.people.com.cn/n1/2016/0531/c64094 - 28394355.html.
② 杜修立，王维国．中国出口贸易的技术结构及其变迁：1908 ~ 2003 [J]．经济研究，2007 (7)：137.

表 1 - 1 中国与世界制造业出口占比   单位:%

国别	2010 年	2015 年	2018 年
世界	71.3	69.7	68.7
中国	88.2	94.3	93.4

资料来源:世界银行数据库。

其次,加工贸易长久以来在我国出口贸易中占比较大,如图 1 - 1 所示,我国加工贸易出口占比虽有下降,但长期以来都占有相当比重。"大进大出"的贸易方式促进了我国出口量的迅速增长,也通过技术外溢提高了我国出口产品的技术水平。但也正因如此,我国出口商品的技术结构问题格外值得关注。如何衡量我国出口商品的真实技术水平,我国出口贸易的技术水平在国际上处于什么样的地位,与其他国家的差距在哪里是本书研究的第二个目的。

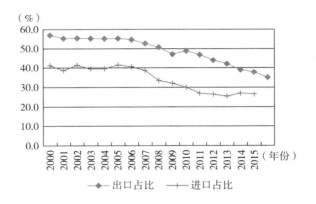

图 1 - 1 我国加工贸易进出口占比

资料来源:海关数据库。

再次,影响制造业出口技术结构升级的因素很多,在文献中也有很多相关论证。人力资本积累、研发投入、FDI、金融服务、基础设施、知识产权保护等都对出口技术结构有显著影响。发展中国家制造业不够发达的原因,通常不仅仅是缺乏技术、缺乏经验,还缺乏熟练劳动力、企业家和管理才能,并存在社会组织方面的问题,归结起来可以体现为以产品为中心的创新能力和技术吸收能力的欠缺。本书实证分析了人力资本、研发投入、外商直接投资等在不同区域不同时期对出口贸易结构的影响，这是本书研究的第三个目的。

最后，我国经济区域发展不均衡，东西部差距明显存在，以产品空间理论为基础，从产品和地区两个纬度研究不同地区的出口技术结构可以更清楚地分析我国出口技术水平的地区差异，为国内地区间比较优势转移提供依据。

1.1.3 选题意义

第一，理论意义。出口技术结构升级是经济增长的重要因素（Hausmann et al，2005；Rodrik，2006），以出口技术结构的视角考察我国制造业出口贸易，可以更好地剖析和掌握我国制造业出口在国际分工中的地位和国际竞争力。制造业出口技术结构作为衡量出口贸易质量的一个重要方面也是近年来国际贸易领域研究的热点，但仍需要对制造业出口技术结构进行准确的评价，并建立相应的理论框架解释出口技术结构升级的内在机制及途径。首先，本书结合内生贸易增长理论，拓展了 Hausmann（2006）模型，形成了制造业出口技术结构升级机理的理论分析框架，为后续研究提供理论基础。其次，从技术溢出、人力资本、规模经济、成本节约四个方面分析探讨了制造业出口技术结构升级的途径。

第二，实践意义。自改革开放以来，我国制造业出口技术结构虽有所提升，高技术产品出口比例不断增加，但在全球价值链分工中仍处于中低端。党的十九大报告指出，现阶段我国经济发展要从高速发展向高质量发展转变，制造业出口技术结构的升级就是经济结构优化的重要组成部分。梳理我国制造业出口技术结构的发展及现状并进行国际比较，可以更好地认清我国出口技术结构的现实问题以及和发达国家的差距；制造业出口技术结构升级的实证研究，揭示了不同类型国家，不同时期、不同区域影响制造业出口技术结构的关键因素，可以为新常态下制造业出口技术结构升级提供政策参考。

1.2 核心概念界定

1.2.1 出口复杂度

复杂度的概念最早由 Hausmann 等（2003）提出，用以描述产品的技术含量和生产率水平，Lall（2006）认为高收入国家出口的产品之所以具有较高的国际竞争力，是因为这些产品中包含了更多的技术、营销、物流、基础设施、管理等多种原因，复杂度即是多种原因的表现。Hausmann（2005）将复杂度的概念拓展到出口领域，提出了出口复杂度这一概念，他认为出口复杂度是出口商品结构、出口品技术含量和出口生产率相结合的综合概念，是一国出口技术结构的综合表现，反映了一国出口品的技术结构在国际分工中的地位。

国内学者较多地对出口复杂度测算进行修正，而对出口复杂度概念解释的不多，樊纲等（2006）、姚洋等（2008）、杨汝岱等（2008）将出口复杂度定义为出口产品的技术含量；Xu（2006）将出口复杂度定义为一国出口产品的质量高低的表现，出口复杂度高的产品往往具有高质量；姚洋等（2008）将出口复杂度定义为出口产品的技术含量的体现；黄先海等（2010）将出口复杂度定义为出口不同技术层次产品的组合，出口复杂度越高意味着一国出口产品中高技术含量的产品比重越大。因此，本书认为，出口复杂度是一个衡量出口技术结构和生产率的综合指标，也可以用出口复杂度来衡量出口技术结构。

1.2.2 出口技术结构

出口技术结构（Technical Structure of Export）也称为出口贸易技术结构，是指一定时期一国出口商品的全部技术结构。衡量出口技术结构的方法主要可以归结为两类：第一类是按照贸易品分类，出口技术结构表现为一国不同技术水平产品出口在总出口中的比重。例如，Lall（2000）根据学习效应、技术活动、进入壁垒、规模经济等因素判断贸易品的技术含量，将 SITC rev. 2 三位数编码的产品分为初级产品、资源型产品、低技术产品、中等技术产品和高技术产品，进而将这五种分类进行了细分。不同技术水平产品的出口在总出口中的比重即是一国的出口技术结构。第二类以 Hausmann 等（2003，2007）的出口复杂度指标为代表，用出口复杂度来衡量一国出口技术结构。本书在后续我国制造业出口技术结构现状及比较中分别从多方面多角度进行了审视，在实证分析中出口技术结构的指标采用了以国内增加值为基础计算的出口复杂度的指标。

本书综合 Hausmann 等关于出口复杂度的概念来定义出口技术结构，认为出口技术结构是一定时期内一国出口商品的全部技术水平，是出口商品结构、技术含量和生产率的综合指标。

1.3　本书结构、研究方法和技术路线

1.3.1　本书结构

本书在对现有研究理论和方法归纳梳理的基础上，提出了研究我国出口技术结构升级的必要性。本书按照提出问题、文献梳理、现状与国际比较、理论与实证分析、提出建议的思路展开。

第 1 章，导论。提出本书要研究的问题。主要介绍了本书的选题背景、研究意义、框架结构、研究方法、研究内容，并指出本书可能的创新点。

第 2 章，文献综述。本章作为本书的切入点，通过对现有关于制造业出口技术结构升级的理论、方法和现实研究的梳理综述为后续研究打下基础。本章首先针对出口技术结构的相关理论进行了归纳梳理。英国经济学家李嘉图在 1819 年提出的比较优势理论是国际贸易中最重要、最基本的理论。即便自李嘉图时代以来国际贸易发生了巨大变化，那些由经济学家在经济全球化之初所发现的基本原理依然可行。① 本章从比较优势理论、相似需求理论、产业内贸易理论、异质性

---

① 保罗·克鲁格曼. 国际经济学（第 10 版）［M］. 北京：中国人民大学出版社，2011.

企业理论、比较优势演化理论分别对决定出口技术结构的相关理论进行了阐述。其次梳理了出口技术结构的衡量指标——显示性比较优势、出口复杂度、出口相似度等，并做出评价。最后对国内外关于出口技术结构升级的相关研究进行了述评，分别从出口技术结构的度量、加工贸易与出口贸易结构升级、FDI 与出口技术结构升级、金融发展、基础设施与出口技术结构升级以及知识产权保护与出口贸易升级等方面进行了总结分析。并指出现有关于出口技术结构的分析主要集中在以下两个方面：第一，出口技术结构的测度方法；第二，影响出口技术结构的因素，主要有加工贸易、FDI 以及知识产权保护方面。现有研究一方面缺乏从多视角多层面对我国出口技术结构的全面考察，另一方面关于影响出口技术结构的因素分析，主要集中在外来因素的影响例如加工贸易、FDI 等，对内部因素的分析较少。

第 3 章，制造业出口技术结构升级的机制和途径。本章为理论分析部分，深入探讨制造业出口技术结构升级的机理，并对制造业出口技术结构升级途径进行了分析。内生增长理论将技术进步内生于经济增长，认为技术进步是经济增长的源泉，产品空间理论认为产品是各种能力的集合，出口技术结构升级一方面取决于企业选择创新的产品的成本及信息外部性；另一方面取决于生产产品的各种能力的积累，包括研发设计、生产能力、营销管理、财务金融、人力资源管理、资本运作、制度支持等。本章在内生贸易增长理论框架下，结合产品空间理论和 Hausmann 模型，分析了出口技术结构升级的机理。结果显示，人力资本积累、创新是决定出口技术结构升级的关键因素，无论是内在的还是外在的，只要是能够促进人力资本积累和创新的都是可以实现出口技术结构升级的因素。此外，本章分析了制造业出口技术结构升级的途径，分别从技术溢出途径、人力资本途径、规模经济途径、成本节约途径进行了阐述。技术溢出和人力资本是制造业出口技术结构升级的直接原因，规模经济和成本节约是制造业出口技术结构升级的间接原因。

第 4 章，我国制造业出口技术结构的现状及比较。本章为现状分析，主要分析了我国制造业出口技术结构的演进、现状及与日本的比较。衡量出口技术结构的方法很多，本书主要选择了三种方法，一是基于贸易分类标准方法，二是基于出口复杂度的方法，三是基于全球价值链的方法。在度量出口技术结构的基础上，本章分三部分对我国出口技术结构现状进行了分析。首先，本章考察了我国制造业出口贸易的历史演进；其次，本章从多层次多视角分析了我国制造业出口技术结构，考察了我国制造业出口技术结构的现状，从国家、区域、省市层面做了深入探讨；最后，本章比较了中日制造业出口技术结构的差异，从日本"二战"后出口技术结构的发展入手，在中日出口技术结构以及高技术产品出口技术结构比较的基础上，对我国制造业出口技术结构升级提出借鉴。

第5章，我国制造业出口技术结构升级的机制及制约因素。本章结合制造业出口技术结构升级的机制研究，分析了影响我国制造业出口技术结构升级的制约因素。本章分三部分，第一部分研究了全球制造业发展的新态势及我国制造业贸易发展的现状及特点，结合内外部环境总体来看，我国制造业出口技术结构升级，既面临机遇又面临挑战。第二部分深入探讨了制造业出口技术结构升级的机制，包括研发投入、人力资本积累、外商直接投资、基础设施和金融发展促进制造业出口技术结构升级的机制。研发投入、人力资本积累可以提高创新的效率和创新的吸收能力，是影响出口技术结构升级的直接原因；外商直接投资的技术溢出效应是创新的重要来源；便捷的基础设施在降低企业库存、运输成本方面发挥作用；完善的金融服务和相应的金融政策支持有利于企业获得广泛的资金支持、减少企业创新融资成本；同时金融发展通过资本配置效应、FDI溢出效应、提高人力资本效应促进创新。基础设施的完善和金融服务的便利有利于企业生产的调整，也有利于企业向更高一级的产品生产跳跃。第三部分着重分析了我国制造业出口技术结构升级面临的制约因素，分别从自主创新能力不足、制造业外商直接投资下降、产业结构不够合理、金融发展相对落后、外部环境复杂多变五方面进行了深入剖析。在外部环境多变、贸易投资诸多限制的条件下，外商直接投资的技术溢出对我国制造业出口技术结构升级的作用会越来越小，自主创新才是制造业出口技术结构升级的核心和关键。

第6章，我国制造业出口技术结构升级的实证分析。本章为实证分析，基于31个省份2009～2015年的面板数据，从国家层面到区域层面，从整体维度到时间维度实证分析了人力资本积累、研发投入、外商直接投资、人均固定资产投资、基础设施在不同时间不同区域对制造业出口技术结构影响的异同。第一，静态面板回归。从总体上实证分析了人力资本积累、研发投入、外商直接投资、人均固定资产投资、基础设施对我国制造业出口技术结构的影响；为了探索不同因素在不同时期的影响大小并提高稳健性，分两个时期 2009～2011 年，2012～2015 年分别进行了回归；我国各区域经济发展差异较大，为了深入挖掘不同地区制造业出口技术结构升级的不同影响效应并提高回归的稳健性，将 31 个省份分为东中西部进行了回归分析。结果显示：人力资本积累和研发投入显著促进了出口技术结构的升级，且人力资本的促进作用越来越大；从东中西部分区域实证分析来看，东部地区的人力资本对出口技术结构升级的作用最大，研发投入对西部地区出口技术结构升级的作用最大。第二，动态面板回归。考虑到可能产生的内生性，本章选用二阶段最小二乘法（2sls）进行了动态面板回归，以克服由内生性带来的估计结果的偏差。

第 7 章，结论、政策建议及研究方向。本章对全书的理论研究和实证研究进行了总结，以分析结果为基础提出相关政策建议，并在本章指出本书进一步的研究方向。

1.3.2　本书研究方法

本书在对贸易技术结构升级理论进行梳理的基础上，综合考虑不同区域不同阶段的实际情况，力求多层次多角度分析制造业出口技术结构升级的途径及对策。本书主要采用了以下研究方法：

（1）文献分析法。本书在整理阅读前人文献的基础上，对出口技术结构相关理论和文献进行了梳理。从不同角度、不同层面，运用不同的研究方法研究了我国加入 WTO 以后制造业出口技术结构的发展及现状，探索我国制造业出口技术结构升级的机理和机制，并为后续的国际比较和实证分析奠定了基础。

（2）规范分析与实证分析相结合。通过规范分析，本书厘清了出口技术结构升级的机理，并对出口技术结构升级的相关研究进行了综述，在理论分析的基础上，本书对现有模型进行了拓展，利用 STATA 分别进行了静态面板模型回归分析和动态面板模型回归分析，实证分析了促进我国制造业出口技术结构的主要因素。

（3）定性分析与定量分析相结合。本书查阅了国内外重要的统计数据库以获取研究所需数据，包括 WDI 数据库、WIOD 数据库、UNComtrade、UNCTAD 数据库、Wind 数据库、对外经济贸易大学全球价值链中心数据库等，阅读了相关的理论研究文献，厘清了制造业出口技术结构升级的机理。通过定性和定量相结合的方法考察了我国出口技术结构的发展、现状和存在的问题。

（4）比较研究法。本书分别进行了国别比较和区域比较，首先通过中日制造业出口技术结构的比较，分析中日制造业出口技术结构的异同，并从日本出口技术结构的发展中得出经验和教训。其次进行了区域省份比较分析，分析了我国东中西部出口技术结构的差异和影响因素。

1.3.3 技术路线

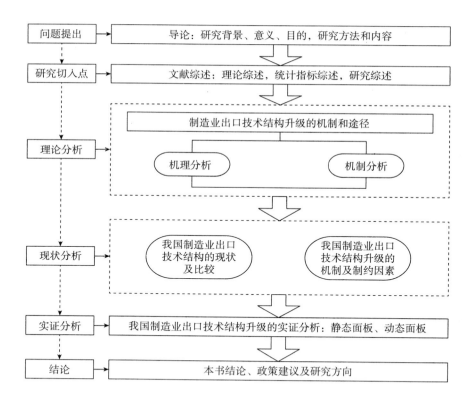

图 1 - 2　本书的技术路线

1.4 本书创新点及不足

1.4.1 本书创新点

本书借鉴了前人关于出口技术结构度量及相关研究，在内生贸易增长模型框架下研究了制造业出口技术结构升级的核心及途径，并对出口技术结构升级的机制进行了深入剖析，利用31个省份2009~2015年的面板数据从实证角度研究了影响出口技术结构升级的关键因素。本书的创新点包括：

第一，选题的创新。从选题来看，虽然关于贸易结构的升级国内外已有大量的研究，但关于出口技术结构的研究还相对较少。新常态下，随着我国参与全球价值链分工的程度不断加深，对我国出口贸易而言，重点不是出口了多少而是出口了什么的问题，重要的是出口的国内增加值有多少的问题。本书在系统梳理关于出口技术结构的理论及度量方法的基础上，试图从国家、区域、行业等多层面多角度剖析我国制造业出口技术结构的发展和现状，以人力资本积累和研发投入为核心变量，实证分析我国制造业出口技术结构的影响因素。希望以此为我国出口技术结构升级提出相关政策建议。

第二，研究视角创新。本书不仅对不同国家的制造业出口技术结构进行了比较分析，同时从地区和产品两个维度对我国制造业出口技术结构进行了探讨，首先对比分析了我国不同地区、不同省份制造业出口技术结构，其次分析了我国制造业各行业的出口技术结构的差异及在国际贸易中的地位。

第三，研究方法创新。本书从贸易增加值视角，运用新数据（对外经济贸易大学全球价值链中心以WIOD2016为基础计算贸易增加值），测算了国家和行业层面的出口复杂度，剔除了加工贸易产生的统计假象。在此基础上分别运用静态面板和动态面板实证分析了国家层面出口技术结构升级的影响因素，并分阶段分区域分别进行回归，以区分各因素在不同时期不同区域的不同作用。

第四，观点创新。出口技术结构优化升级是我国现阶段促进经济结构转型的关键部分。自主创新是出口技术结构升级的关键核心。实证结果表明，人力资本积累、研发投入、外商直接投资、金融发展和基础设施对出口技术结构升级具有显著的正向促进作用，但在不同阶段的影响大小不同，对不同区域的影响也有差别。文章在实证分析结果的基础上，结合现阶段我国各影响因素的发展情况提出了一些新的观点。

1.4.2　存在的不足

本书的不足之处主要有：第一，由于数据可获得性的限制，本书在对技术结构的研究中仅研究了出口贸易产品。第二，影响出口贸易结构的因素很多，由于篇幅限制，本书未做详尽分析。

2 文献综述

本章首先对出口技术结构的形成及优化进行了理论综述，分别从比较优势理论、相似需求理论、产业内贸易理论、异质性企业理论、产品空间及比较优势演化理论中分析了一国出口技术结构的初始状态及优化的途径。其次对现有的出口技术结构的测算方法进行了总结和比较。最后对国内外关于出口技术结构的影响因素研究进行了综述，包括 FDI、人力资本、研发投入、垂直化分工、金融发展、知识产权保护等。

2.1 出口技术结构升级的理论综述

国际贸易理论主要解释了国际贸易产生的原因是什么，国际贸易产生的基础是什么，贸易结构是如何演进的？谁把什么卖给了谁，是什么因素决定了各国进出口贸易的结构？随着国际贸易的发展，贸易理论的内涵也不断地丰富、发展。不同时期的贸易理论对应了不同时期的主要贸易形式。纵观国际贸易理论的发展脉络，古典贸易理论、新古典贸易理论、新贸易理论、新新贸易理论，理论基础从比较优势、要素禀赋、规模经济、不完全竞争到异质性企业，对国际贸易产生的基础的研究贯穿了国际贸易理论发展的过程，我们可以从国际贸易理论中找到关于国际贸易技术结构差异的理论依据。李嘉图模型和 H－O 模型都认为是比较优势产生了国际贸易，不同的是前者认为各国劳动生产率的相对差异产生了比较优势，后者则认为各国要素禀赋的相对差异产生了比较优势。古典贸易理论和新古典贸易理论的核心都在于比较优势是国际贸易产生的基础，不同的是产生比较优势的来源，各国可以通过出口其具有相对优势的产品进口其处于相对劣势的产品从贸易中获利，古典、新古典贸易理论很好地揭示了产业间贸易的现象。但是，随着发达国家和发达国家之间产业内贸易的大量出现，该理论受到了贸易现实的挑战，新贸易理论引入不完全竞争、规模经济和差异化产品，放松了传统国际贸易的理论假设，认为规模经济是产生贸易的基础，解释了产业层面国际贸易现象。但无论是传统国际贸易理论还是新国际贸易理论都假设企业是同质的，没有考虑到企业间的差异，而由于企业的规模、生产率等各方面的差异导致了即使是同一产业内部也只有一部分企业从事出口，于是异质性企业理论逐渐兴起，异质性企业理论对国际贸易的研究从国家层面拓展到企业层面，并认为企业的异质性是产生国家贸易的基础，弥补了之前理论以宏观为主的不足。无论是新贸易理论，还是内生增长理论，都假设产品空间是同质且连续的，企业家总能实现产品的转化，实现产业升级，然而产品空间极可能是异质的，也可能是离散的，产品空间及比较优势演化理论认为产品在各国间比较优势的演化过程中发挥了重要的作用，决定了一国出口的比较优势的发展方向及比较优势演化的路径，究其本质，产品空间及比较优势演化理论认为产生贸易的基础依然是比较优势。本章我们对出口技术结构优化的理论基础梳理中，以产生贸易的基础不同为线索，从比较优势理论、产业内贸易理论、异质性企业理论、产品空间及比较优势演化理论角度进行梳理考察。

2.1.1　比较优势理论

2.1.1.1　基于劳动生产率差异的比较优势分析

19 世纪早期，英国经济学家大卫·李嘉图提出了一个至今仍具有说服力的观点——比较优势理论。比较优势理论本着"两利相权取其重，两害相权取其轻"的原则，使得参与各国依据比较优势进行国际分工和国际交换获得利益。19世纪初期，受制于当时的生产力发展水平，比较优势的形成主要来源于劳动生产率的差异。李嘉图的比较优势理论认为：国际贸易产生的唯一因素是劳动生产率的差异。由于一国资源有限，只能在生产可能性曲线内生产，一种产品产量增加的同时意味着其他产品产量的减少。所以，在技术条件不变的情况下，一国通过生产自己占比较优势的产品并用于出口，而进口占相对劣势的产品的方式，可以从国际分工和贸易中获益。这样的国际分工模式决定了一国在国际贸易中的最初贸易结构格局，决定一国出口技术结构的初始状态。

李嘉图的比较优势理论中假设技术条件不变，劳动是唯一的生产要素，因此造成各国同样产品价格差异的原因就是劳动生产率的差异，且劳动生产率在此模型中是外生变量。

2.1.1.2 基于要素禀赋差异的比较优势分析

李嘉图模型假设劳动是唯一的生产要素，在这总假设前提下，产生比较优势的唯一原因就是各国之间存在的劳动生产率的差异。然而，现实中国际贸易产生的基础远不只比较优势，比较优势的来源也不局限于劳动生产率的差异，比较优势的来源还产生于各国之间资源的差异。赫克歇尔—俄林模型用各国之间的资源差异来解释比较优势的来源和贸易结构形成的原因，这也是国际经济学中最具影响力的理论之一。H－O 理论强调要素禀赋的差异是各国比较优势产生的基础，考虑资本（K）和劳动（L）两种要素，一国的劳动和资本的丰裕度及生产投入的要素密集度决定了该国参与国际分工的方式，H－O 理论强调了一国相对要素丰裕度与相对要素密集度之间的相互作用关系。该理论认为，一国会专业化生产密集使用其相对丰裕禀赋要素生产的产品，并用于出口，在国际交换中获利。H－O 模型既可以解释为什么一国会根据相对优势参与专业化分工，也解释了国际贸易中专业化分工和分配的结构关系。

H－O 理论考虑了两种生产要素——劳动和资本，仍然没有把知识和技术差异纳入模型的分析中。但是 H－O 理论扩展了李嘉图比较优势理论对与比较优势来源的理解，同样也为各国参与国际分工提供了依据，决定了各国国际贸易的初始结构。

2.1.1.3 动态比较优势理论

静态比较优势理论解释了国际贸易产生的原因，贸易结构的初始状态的决定及国际贸易的利益分配问题。但静态比较优势理论忽略了一个重要的问题——时间。静态比较优势理论都是以技术水平不变为前提的，而一国的要素禀赋和技术水平并非一成不变的。一国的贸易结构是否会发生相应的改变，初始贸易结构对贸易结构的优化有没有影响，解决这一系列问题需要引入动态比较优势理论来分析。动态比较理论主要包括技术差距理论、雁行理论、产品生命周期理论。

随着要素禀赋和技术要素的不断变化，比较优势也在不断地演化并发生着改变，跨国公司的对外直接投资行为给东道国带来了资本和先进的技术，这些要素国际间的流动会带来国家间贸易模式的变化。雷布津斯基（1955）定理分析了在要素相对价格不变条件下，要素数量的变化对出口的影响，认为资本要素的增加会导致资本密集型产品的产出增长，而劳动密集型产品的产出下降。[①] 萨缪尔森的要素价格均等化定理分析了要素禀赋变化和国际间要素的流动对原有比较优势的影响。"二战"后，日本经济学家二阶堂和宇泽（1965）分析了长期的资本积累对比较优势的影响，他认为：储蓄率会影响一国所生产的产品的密集程度，储蓄率较高的国家以资本密集型产品生产为主；反之，则以劳动密集型产品生产为主。

Posner（1961）在他的《国际贸易与技术变化》中提出了技术差距理论（见图 2－1）。他在模型分析中引入技术水平作为外生变量，技术差距理论认为，技术是独立于劳动和资本外的第三种生产要素，技术在创新和模仿过程中产生时间

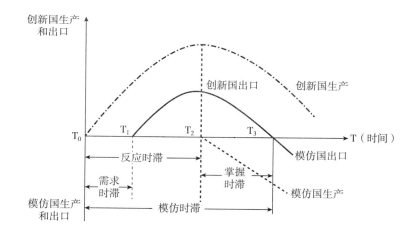

图 2－1　技术差距理论示意图

① Rybczynski T M. Factor Endowment and Relative Commodity Prices [J]. Economica, 1955, 22 (88): 336－341; Mundell R A. Transport Costs in International Trade Theory [J]. The Canadian Journal of Economics and Political Science/Revue Canadienned' Economique et de Science Politique, 1957, 23 (3): 331－348.

和空间上的差异，各个国家的经济发展水平不一样，国家间的技术差距使得具有技术上比较优势的国家出口技术密集型产品。导致国家间技术差距的原因是各国在技术进步中投入的差异，主要包括研发投入和人才资本投入。发达国家由于掌握了先进技术在贸易中更容易占有比较优势，发达国家凭借其技术比较优势出口技术密集型产品，发展中国家可以通过吸引外资、专利转让等缩小技术差距，但存在一个时期的模仿时滞，经过一段时间才能对该产品进行模仿生产，在模仿时滞这段时间内仍然是创新国保持着对其他国家的出口。当所有国家都掌握这种技术后，因技术差异而形成的比较优势消失，模仿国开始成为该产品的出口国。

美国经济学家弗农在 1966 年首次提出产品生命周期理论，产品生命周期是一种新产品从进入市场到退出市场的整个过程，是指产品要经历创新、成长、成熟和衰退阶段的全过程，以及伴随着这一过程中的国际间的技术传播，比较优势转移过程的统称。产品生命周期将周期理论和国际贸易相结合，认为各国技术的差异是贸易产生的基础，由于技术差异的缩小及变化，各国间的贸易格局也随之发生变化。如图 2-2 所示，产品生命周期理论侧重于从技术创新、技术传播、技术模仿的角度来分析国际贸易的产生基础，将出口的比较优势动态化，研究比较优势在国家间的传导。从新产品阶段到成熟阶段再到标准化阶段，技术差距在各国间发生变化，伴随着其他发达国家和发展中国家对新产品的认知和模仿过程，产品的比较优势发生变化，从发达国家向其他发达国家及发展中国家转移。由于发达国家掌握先进的技术和生产新产品的大量资本成为创新国，其他发达国家由于较发展中国家具有更高的收入水平最早产生对新产品的需求进而先于发展中国家产生对新产品进口。在成熟阶段，技术已经成熟，生产的不确定性因素较少，大量生产需要机器设备和熟练劳动力，此时，拥有丰裕资本和熟练劳动力的国家开始拥有该产品的比较优势并逐渐替代创新国成为该产品的主要生产国和出口国。在标准化阶段，随着产品和技术在世界范围内的扩散，许多技术已经被设计到生产装配线，生产过程标准化了，此时廉价劳动力成为产品比较优势的主要来源，在这一点上，由于发展中国家劳动力成本较低，他们将成为该产品世界市场的唯一供给者（Posner，1961；Vernon，1966，1979）。

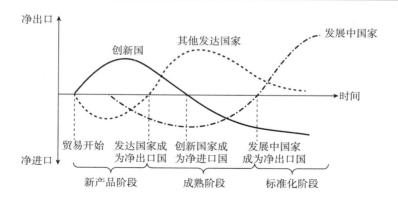

图 2 - 2 产品生命周期示意图

2.1.2 相似需求理论

目前大多数关于出口技术结构的研究都是以一国出口的总体出口数据为基础，以研究出口到世界的贸易技术结构为视角，Schott（2006）将研究视角从一国对世界的出口技术结构拓展到一国对某一特定国家的出口技术结构。Schott（2006）采用各国出口到美国的出口数据，测算了各国出口到美国产品的技术水平，与 Lall 等（2005）和 Rodrik（2006）的研究对比，可以看出：同一国家出口到发达国家和发展中国家的出口技术水平是存在差异的，其出口到发达国家的出口技术水平明显要高。这一规律尤其适用于发展中国家，发展中国家出口到美国的出口技术水平与其出口到世界的出口技术水平的差距更大。这一现象可以用需求相似理论进行解释。

1961 年，瑞典经济学家 Linder 在其论文《论贸易和转变》中提出了需求相似理论或重叠需求理论，该理论的核心观点认为：收入水平是影响一国需求结构的最主要因素，高收入国家对技术水平高的产品需求量较大，而低收入国家则以技术水平较低的产品消费为主，因此一国的需求结构可以由收入水平来衡量。两国之间的贸易由该国的内部需求结构决定。两国的消费偏好相似度越高其需求结构越相似，两国的需求结构重叠部分越大则两国间的贸易范围可能越大。由此可以推论，一国出口到高收入国家的出口技术水平高于出口到低收入国家的出口技术水平，基于需求相似理论，与高收入国家贸易量较大的也是高收入国家，与低收入国家贸易量较大的也是低收入国家。因此，高收入国家的出口技术结构要明显高于低收入国家的出口技术结构。Hanson（2007）从需求相似的视角，研究并归纳了出口技术结构，他认为，相似需求对出口技术结构形成了重要的影响，发达国家间的出口技术水平远远高于发达国家和发展中国家的出口技术水平，而导致这一现象存在的根本原因在于：发达国家之间有着相似的高质量、高技术的产品需求，而发展中国家的产品需求较低端。Feenstra 等（1999）基于相似需求理论还强调了产品种类对各国间出口技术水平的影响，他指出，由于发展中国家对新产品的需求较少，不仅导致发达国家间的出口技术水平明显高于发展中国家对发达国家的出口技术水平，还导致发达国家间的贸易量明显高于发展中国家与发达国家间的贸易量。

2.1.3 产业内贸易理论

H－O 模型的一个核心观点是贸易建立在两国的差异即相对比较优势的基础上。这个观点很难解释"二战"后在相似国家的大量贸易存在的现象（Grubel and Lloyd，1975），例如美国和德国在汽车行业的双向贸易。现实数据和理论的不一致产生了对国际贸易理论新的解释——产业内贸易理论，该理论以规模经济和不完全竞争市场为基础，解释了发达国家间双向贸易现象。Krugman（1979）将 Dixit 和 Stiglitz（1977）的垄断竞争模型引入国际贸易的分析，认为不完全竞争条件下的规模经济也是产生国际贸易的基础。反映了一国在国际贸易中的贸易基础来自于规模经济和技术差异，这一优势不是先天就有的而是可以后天获得的。

Grubel 和 Loyld（1975）提出"产业内贸易理论"，揭示了产业内部不同产品在国家和地区间的双向流动问题，根据产业内贸易理论，经济发展水平相似的国家间的出口技术结构也相近。产业内贸易理论分别基于差异性产品、规模经济和消费者需求多样性视角阐述了产业内贸易。Krugman（1980）建立了不完全竞争框架下的国际贸易理论模型，也为之后的国际贸易理论研究奠定了基础。他强调了消费者偏好的多样性和水平产品差异引起的国际贸易，一国水平产品的种类取决于经济体的规模或劳动力的规模，规模经济是国际贸易产生的原因。20 世纪 90 年代后的产业内分工、产品内分工盛行，产品内分工理论可以解释为什么一些发展中国家缺乏技术优势的条件下却显示出较高的出口技术结构的现象。根据产品内分工理论，跨国公司将产品的生产进行分割，将不同工序和环节分别在不同比较优势的国家生产，发展中国家也获得了融入全球价值链的机会，更多地参与到全球价值链分工体系当中。因而，发展中国家的出口技术结构存在高估的情况。

Falvey（1981）在 H－O 模型框架下，提出即使不存在规模经济和不完全竞争，基于垂直差异化产品也会产生产业内贸易，此时产生贸易的源泉是国家间出口产品质量的差异，发达国家出口质量较高的产品而发展中国家出口质量较低的产品。Hummels 和 Klenow（2005）验证了国家规模和出口产品数量之间的正相关关系。Krugman 认为在生产要素比例相近的情况下，国际贸易利得来自规模经济。企业可以通过大规模的专业化生产获得规模经济效应。贸易利得体现在消费者多样化消费中福利水平的提高上。有研究表明，1972～2001 年，美国消费者因提高产品多样性而获得的福利所得占 GDP 的 2.6%[①]。Schott（2008）发现大国在产品出口等级上和 OECD 国家有更多的重叠。Schott（2008）认为中国虽然技术相对稀缺，但是劳动力要素丰富且经济体量大，根据产业内贸易理论在其他条件相同的情况下，中国比小国能够生产更多种类的产品。

在 Balassa（1967）和 Grubel（1970）等研究的基础上，Krugman（1980）提出了母市场理论。Krugman（1980）的母市场理论认为，在存在规模经济的条件下，企业更加愿意在需求大的国家进行生产并用于出口，因此一国国内市场的大小对其出口贸易起着重要的作用；工业化国家间的交易广化和差异产品的双向流动，在传统的国际贸易理论框架下并不能够得到很好的解释，而大国出口技术结构亦如此，同样也不能单纯以比较优势来解释。简言之，"一国出口的产品，往往是那些已经在本国市场取得了竞争优势的产品"，一国的出口技术结构实际上取决于其国内产业或产品的竞争优势。Naughton（2007）指出，自 2001 年起中国高技术产品的出口有一半以上是由外商投资企业完成的，从 2003 年起外商投资企业出口的高技术产品已经超过了 85%，外商投资企业以中国作为出口平台，

① Christian Broda，David E. Wienstein. Globalization and the Gains from Variety ［J］. Quarterly Journal of Economics，2006（121）：541－585.

显著改善了中国的出口技术结构（Branstetter and Lardy，2006）。

2.1.4 异质性企业理论

与传统贸易理论立足于国家层面贸易的动因不同，在新贸易理论垄断竞争和规模经济的理论假设基础上，Melitz（2003）通过引入企业异质性，提出企业异质性理论即新新贸易理论。Melitz（2003）将 Krugman 的思想延伸到企业层面，加入了两个重要的因素：一是假设企业的异质性，企业间的生产率是不一样的；二是假设企业要想进行出口贸易需要一个开拓市场的固定成本。基于异质性企业理论（Melitz，2003；Bernard et al.，2003）利用自选择效应来分析同一产业内，不同水平生产率企业行为的原因，在随机分布的生产率中，企业生产率水平越高，就越容易克服各种成本，企业投入一定的固定成本所获得的生产率水平如果低于国内市场竞争的最低生产率门槛将会退出市场，如果高于出口生产率边界则会参与出口。一国要在出口贸易中具有更大的竞争力，在提高劳动生产率的同时可以从降低固定成本入手。即进入出口市场是具有门槛的，只有那些具有更高生产力的企业才能进入出口市场，而那些生产能力较弱的企业则被挤出出口市场。Bernard 等（2010）在 Melitz（2003）模型的基础上引入多产品模型，并引入贸易成本和经济开放因素。多产品模型认为行业生产率的提高来自以下两个方面：一是高生产率企业对低生产率企业挤出效应；二是开放贸易下高生产率企业放弃一些产品特性比较低的产品带来的内部结构调整。Chaney（2008）发现引力模型中可变贸易成本对贸易量变化的影响主要体现在广延边际（Extensive Margin）的变化上，而扩展边际（Intensive Margin）几乎不变。① 在贸易理论的发展进程中，异质性企业理论与比较优势理论都以生产率为纽带，体现出了融合之势。异质性企业贸易理论为行业内的资源优化配置及企业层面通过产品选择等提高生产率提供了理论依据，广延边际和扩展边际的变动都将引起一国出口技术结构的变迁，在我们分析出口技术结构中有很大的借鉴意义。

---

① 崔凡，邓兴华．异质性企业贸易理论的发展综述［J］．世界经济，2014（6）：152．

2.1.5 产品空间及比较优势演化理论

无论是新贸易理论还是内生增长理论都假设产品空间是同质且连续的，企业家总能实现产品的转化，实现产业升级，然而产品空间极可能是异质的也可能是离散的，产品空间及比较优势演化认为产品在比较优势的演化过程中发挥了重要的作用，产品空间及比较优势演化理论认为产生贸易的基础依然是比较优势，决定比较优势的是一国比较优势动态发展的结果。Hausmann 和 Klinger（2007）、Hidalgo 等（2007）首次在内生增长理论框架下，将比较优势演化和产品升级产业升级联系起来，提出了产品空间及比较优势演化理论（简称产品空间理论）。

2.1.5.1 内生增长理论

新古典经济增长理论假设边际收益递减和规模收益不变，而这一假设无法解释技术进步因素是规模收益递增的现象，且无法解释各国长期存在的差异性，各国的经济增长率等于技术进步率，而技术进步率作为一种外生因素在各国获得机会是相等的，因此各国的经济增长将趋于一致。新古典经济增长理论虽然将经济增长的因素归结为外生的技术进步，但并没有说明技术进步的来源。内生比较优势理论将技术进步作为内生变量引入经济增长模型，认为经济增长不是外生因素的作用而是由经济系统本身的内生变量决定的，不依赖外部力量经济也可以实现可持续增长。可持续增长力量来源于内生的技术进步，无论是要素生产率的提高、知识积累和人力资本积累、产品种类的增加还是产品质量的提高，都得益于企业有目的的 R&D 活动。技术进步的途径有："干中学"、引进国外先进技术、投资研发。

Arrow（1962）在他发表的文章《边干边学的经济含义》中首先将技术进步内生化，建立了"干中学"模型，他认为：知识是一种生产要素，知识是公共产品，具有溢出效应，知识的积累和技术的进步是在生产活动中干出来的，技术进步是知识运用的结果。知识积累促进了技术进步，技术进步形成了贸易中的比较优势的转变。发展中国家通过贸易品的进口、通过"干中学"形成国内的比较优势。Romer（1986）认为内生的技术进步是经济增长的唯一原因，赋予了知识不同于其他物品的特殊性质，假定知识是厂商在追求利润最大化过程中进行投资决策的产物。通过知识的积累，不但使知识本身边际收益递增，而且也使资本和劳动要素边际收益递增，从而实现了整个经济规模收益递增，实现经济长期增长。Romer 认为知识的积累具有边际报酬递增的效应，通过"边干边学"的知识外溢使得规模报酬递增，产生了规模经济效应，这就导致越是拥有较高资本存量的国家，在高技术产品生产上越具有比较优势，获得更高的经济产出，从而有更多的资本和精力投入到研发部门产生更丰富的知识资本，实现经济的良性循环增长。

Lucas（1988）将人力资本引入经济增长模型，认为人力资本是知识产品的主要载体，人力资本的存在放松了新古典增长理论的要素边际报酬递减的约束，使得经济长期增长成为可能。人力资本的效应可以从外部效应和内部效应两方面得到体现，外部效应是指人力资本影响了劳动、资本、技术等其他要素的生产效率，内部效应是指人力资本水平影响了人力资本本身的生产效率。人力资本效应同样实现规模报酬递增，实现内生技术进步。人力资本的形成，除了到学校学习外，还可以通过边干边学的方式，因此对于发展中国家而言实现内生技术进步可以有以下两个渠道：一是教育投资，二是引进国外高技术产品。Lucas（1988）认为各国知识积累和技术进步的不同，各国会专业化生产自己擅长的产品；Romer（1990）在此基础上构建了技术进步内生增长模型，Romer 认为，技术创新是经济长期增长的动力，技术创新是企业有意识的 R&D 的结果，企业 R&D 的目的在于对垄断利润的追求；Stokey（1991）认为人力资本禀赋相对较低的国家生产低质量差异产品，人力资本禀赋相对较高的国家生产高质量差异产品；Lucas（1993）从人力资本的外部效应入手分析了"东亚奇迹"的发生。

Grossman 和 Helpman（1991）构建了产品质量阶梯内生增长模型，Grossman 和 Helpman 的创新以垂直创新即产品质量提高为表现形式，企业的创新使得自己的产品沿着质量阶梯不断提高。内生技术进步包括内生技术创新与技术模仿。Grossman 和 Helpman 认为，北方国家的先进技术向南方国家扩散的主要途径是南方国家有意识的技术模仿。北方国家的技术创新和南方国家的技术模仿都是内生的。北方国家开发出新产品后被劳动力成本低廉的南方国家所模仿，北方国家不得不研究下一代质量更好的产品，南方国家继续模仿，如此反复，产品质量在创新—模仿—再创新—再模仿过程中不断提高，如是形成了产品的生命周期现象。在开放条件下国际间的贸易格局在发达国家的创新和发展中国家模仿的循环过程中也逐渐形成。Feenstra（1999）考虑了存在部分知识国际溢出的情形，他认为国内知识依赖于国内过去创新与部分国外创新溢出，自由贸易使得经济长期增长率有趋同效应。

2.1.5.2 产品空间及比较优势演化理论

出口技术结构升级与产品升级密切相关。产品升级体现在两个方面：一方面包括创新型产品的出现即产品种类的增加，另一方面包括产品质量和功能的提升。产品升级是出口技术结构升级的前提，出口贸易结构升级是产品升级的表现。新新贸易理论与内生经济增长理论相结合，大量研究了产品的空间分布与产业升级，初步揭示了比较优势的形成及演化过程中产品升级的重要作用。

Philippe Aghion 和 Peter Howitt（1992）构建了一个解释一国经济增长源泉的产品多样化模型，认为产品的升级表现为产品的多样化过程，产品多样化是一国经济增长的源泉。该理论认为在一国经济结构调整中总是存在一个可以达到的产品，产品间是完全独立的，初始的专业化模式不会影响到后续产品的生产，就像咖啡的初始专业化水平不会影响到平板电视生产的预期生产率水平一样，忽略了产品相近性对于产品升级的影响。该理论隐含了一个重要假设：产品空间是连续非分散的，且是同质的，在现有的产品空间内企业家总能实现从一种产品向另一种新产品跳跃，从而推动产品空间的自动烟花和比较优势的自动转变，实现产品升级和出口技术结构升级。然而就像有一只猴子要从一棵树跳到另一棵树上，猴子要想成功，与树与树的距离有关，也和猴子的跳跃距离有关，猴子并非总能实现跳跃。产品空间也是如此，产品空间可能是离散的一致的，在企业家可跳跃的范围内可能并不存在新产品，产品的升级过程并非一定能够顺利实现。

Hausmann 和 Klinger（2007）、Hidalgo 等（2007）首次在内生增长理论框架下，将比较优势演化和产品升级产业升级联系起来，提出了产品空间及比较优势演化理论（以下简称产品空间理论）。该理论认为：产品是一国知识和能力的载体，反映了一国所拥有有关生产产品的知识和能力，例如研究设计、营销开发、工艺创新、生产技术、人力资源管理、资本运作等。[①] Hausmann 和 Klinger（2007）构建了 HK 模型，该模型以产品异质性为基础，假设产品空间是不连续的，考察了发现成本、产品的邻近度、产品空间密度等对产品技术升级的影响，

---

① 伍业君，张其仔，徐娟．产品空间与比较优势演化述评［J］．经济评论，2012（4）：145.

分析了技术距离对跳跃成本及风险的影响。该模型认为，企业是否决定创新产品与创新的成本、收益和风险有关，存在较大的信息外部性和技术外部性，模型探讨了信息外部性、技术溢出外部性对企业家自主发现活动的制约。因此，一国在制定产品升级策略时要充分考虑到这些制约因素，合理地定位产业升级的目标，盲目制定企业力所不能及的目标推动出口技术结构升级只能带来资源的浪费。

产品空间理论有以下两种评价体系：一种是基于复杂度的评价体系，Hausmann 等（2006）构建了 PRODY 和 EXPY 指标，并运用该指标分析了一国出口篮子的质量以及 EXPY 与经济增长的关系，实证分析证明能力越高的国家经济增长速度越快且越是有能力生产复杂度较高的产品[①]；另一种是基于邻近度的评价体系。产品复杂度以人均收入为基础衡量了生产产品的技术水平，以此可以计算各国在生产不同技术水平产品的能力，如果一国出口的主要是复杂度较高的产品，就认为该国在技术水平较高层次的产品上具有比较优势。众多关于复杂度的计算有一个相似的假设前提：一种商品越是在收入高的国家生产，将比在收入低的国家生产具有更高的技术含量（Hausmann，2005；Lall，2005；姚洋等，2008）。邻近度可以从两个维度理解，从产品维度来讲，产品邻近度衡量了不同产品之间的距离即生产两种产品技术上的相近程度；从国家维度来讲，国家邻近度衡量了国家出口相似度水平。

Hidalgo 等（2007）认为结构转型过程就是从低端产品向高端产品转换的过程。出口技术结构升级能否顺利进行，取决于产品的空间特征，升级跳跃存在临界值，因此跳跃是受产品空间制约的。Hidalgo 认为有能力达到产品空间任何部分的国家才能够向发达经济体收敛。

产品空间及比较优势演化理论一方面从国家维度为出口技术结构向发达国家收敛提供了理论分析基础，另一方面从产品维度为出口技术结构的可行性及路径分析提供了理论基础。

因此，一国出口技术结构升级主要取决于凝结在产品中的知识和能力的积累，取决于一国国内的技术创新及国际创新的溢出效应。在封闭经济中，一国的

① Ricardo Hausmann, Jason Hwang, Dani Rodrik. What You Export Matters[J]. Journal of Economic Growth, 2006 (12): 1-25.

技术创新取决于国内已有的 R&D 存量和有效的 R&D 活动，在开放经济条件下，一国的技术进步还取决于国际技术创新的溢出效应。国内技术创新与人力资本、金融服务、制度环境等有关，国际技术创新溢出效应通过贸易、对外直接投资、劳务输出、人口迁移及信息交流等渠道对一国产生影响。

2.2　出口技术结构的测算

2.2.1　贸易分类法

贸易分类法是指按照一定的标准将出口产品进行技术水平的分类，进而考察不同技术水平产品出口在一国总出口中的比例构成来反映一国的出口技术结构。OECD（1994）根据研发强度对制造业出口产品进行了技术水平的分类，分别为：高技术、中高技术、中低技术、低技术四个技术层次。Lall（2000）从技术含量的角度，综合技术活动、学习效应、规模经济和进入壁垒等因素对不同出口产品进行了技术分类，将国际标准分类（SITC）三位编码 237 种产品分为五大类，分别是：初级产品（PP）、资源型产品（RB）、低技术产品（LT）、中技术产品（MT）和高技术产品（HT）。并在此基础上进行细分，其中资源型产品又分为加工农产品（RB1）和其他资源型产品（RB2），低技术产品又分为纺织服装鞋类（LT1）和其他低技术产品（LT2），中技术产品又分为汽车（MT1）、加工产品（MT2）和机械（MT3），高技术产品又分为电子电气产品（HT1）和其他高技术产品（HT2）。SITC 三位编码的产品出口数据来源于 UN Comtrade，具体分类见附录。

2.2.2　显示性比较优势

Balassa（1965）在测算 OECD 国家贸易品比较优势时首次提出了显示性比较优势指数（Revealed Comparative Advantage，RCA）。RCA 指数较为精确地反映了一国贸易品在世界当中的地位，适合对贸易技术结构进行测算分析。

$$RCA_{c,i} = \frac{X_{c,i}}{\sum_i X_{c,i}} \Bigg/ \frac{\sum_c X_{c,i}}{\sum_c \sum_i X_{c,i}}$$

其中，X 表示出口额，c 表示国家，i 表示产品。RCA 指数表示某国某种产品在本国总出口的比重与世界之比，基于这种方法可以计算出所有国家所有产品出口的竞争力水平，如果 $RCA_{c,i} \geq 1$，则认为 c 国 i 产品的出口是有效的、具有比较优势的，如果 $RCA_{c,i} < 1$，则认为 c 国没有有效的出口 i 产品，c 国 i 产品的出口不具有比较优势。进一步地，当 $RCA_{c,i} \geq 2.5$ 时，表明该国具很强的比较优势；当 $1.5 < RCA_{c,i} < 2.5$ 时，表明该国具有较强的比较优势，当 $RCA_{c,i} < 0.8$ 时，表明该国该产品不具有比较优势且竞争力较弱。显示性比较优势指数将一国的出口和世界范围内的其他国家出口相比较，可以评估某国某产业的出口份额的世界地位，因而是国际经济学当中较常用的评价比较优势的方法。

2.2.3 出口复杂度指数

出口技术结构是指一定时期一国出口贸易品的全部技术结构。关于出口技术结构的度量 Hausmann（2006）提出出口复杂度的方法；关于出口复杂度的研究近年来成为学术界研究的热点论题。Michaely（1984）提出了贸易专业化指标（Trade Specialization Indicator，TSI），TSI 指标是出口复杂度研究的雏形。Hausmann 等（2005）在 TSI 基础上将 TSI 中的绝对比重改进为相对比重，提出了出口复杂度（Export Sophistication）的指标[①]。出口复杂度的测度有国家、行业、产品三个层面，分别表示了国家的出口技术结构、行业出口技术结构和产品出口技术结构。

Michaely（1984）最早采用出口数据代替 R&D 投入数据提出了贸易专业化指标（Trade Specialization Indicator），关志雄（2002）采用出口产品附加值换算成指数的方式，计算了亚洲国家出口结构高度化指标。Hausmann（2005）提出了复杂度（Degree of Sophistication）的概念来测度产品的技术含量，在界定出口产品品质和技术水平领域做出了卓越的贡献。樊纲、关志雄、姚枝仲（2006）也

---

① 黄永明，张文洁. 出口复杂度的国外研究进展 [J]. 国际贸易问题，2012（5）.

使用了类似方法。出口复杂度指数（EXPY）以人均收入为基础，以出口占比为权重，测度了产品层面和国家层面的技术水平。该指数构成方法如下：

第一步，构建 PRODY 指数，测算产品层面的出口复杂度，公式如下：

$$PRODY_i = \sum_c \frac{X_{c,i}}{\sum_i X_{c,i}} \bigg/ \sum_c \frac{X_{c,i}}{\sum_i X_{c,i}} Y_c$$

其中，X 表示出口额，Y_c 表示 c 国的人均 GDP，c 表示国家，i 表示产品，$\dfrac{X_{c,i}}{\sum_i X_{c,i}}$ 是 c 国 i 种商品在总出口中的比重，$\sum_c \dfrac{X_{c,i}}{\sum_i X_{c,i}}$ 是所有样本国家 i 种商品占总出口的比重和。PRODY 指数反映了人均收入的加权平均值，权重反映了 c 国 i 产品的显性比较优势，$PRODY_i$ 反映了出口产品 i 的技术水平。这里面暗含了人均收入较高的国家技术水平也有较高的理论假设。PRODY 指数反映了产品的技术水平。

据此可以计算一国某行业的出口技术复杂度，公式如下：

$$PRODYI_j = \sum_i \left(\frac{X_{c,i}}{\sum_i X_{c,i}} \right) PRODY_i$$

$PRODYI_j$ 表示一国 j 行业的出口复杂度，$X_{c,i}$ 表示 j 行业中 i 产品的出口额，$\sum_i X_{c,i}$ 表示 j 行业总的出口额，权重的含义是 c 国 j 行业 $PRODY$ 的加权平均值，权重为 c 国第 i 种商品的出口价值与 c 国 j 行业总出口的比率。该指数反映了一国某行业的生产能力，可用来分析一国不同行业的技术水平和技术结构。

第二步，构建 EXPY 指数，公式如下：

$$EXPY_c = \sum_i \left(\frac{X_{c,i}}{\sum_i X_{c,i}} \right) PRODY_i$$

由此得出 $EXPY$ 指数，表示 c 国所有贸易产品 $PRODY$ 的加权平均值，权重为 c 国第 i 种商品的出口价值与 c 国家总出口的比率。该指数反映了一国的生产能力，也可用来分析不同国家贸易品的技术水平和技术结构。

EXPY 指数显示，一国的出口复杂度取决于各产品出口占总出口的比重，还取决于各商品的出口复杂度，因此一国出口技术复杂度较高的产品越多，则该国的出口复杂度指数也就相应地越高。EXPY 指数和 TSI 指数相比，在权重上做出了调整，以各国出口商品占总出口的比例与全部国家该商品出口占总出口的比例的比率为权重可以避免小国的比较优势被忽略的情况，保证给予小国足够的权重。因此，Hausmann 的出口复杂度指数也是学术界广泛使用的衡量出口技术结构的重要指标。

出口复杂度指数是衡量一国出口技术结构中使用较多的指标，其最大的优点是可以利用出口数据和收入数据反映一国出口产品的全部技术结构。郭晶、杨艳（2010）测度了我国高技术制造业的出口复杂度，并通过计量分析了经济增长、技术创新与我国高技术制造业出口复杂度的长期协整关系。汤碧（2012）以日本、韩国为比较对象，采用 Hausman 构造的出口复杂度指数，按照 HS4 为编码测算了中日韩三国的高技术产品的出口复杂度。杨红（2015）对金砖五国服务出口技术结构的分布及演进进行了考察。

2.2.4 出口复杂度指数的修正

Rodrik（2006）认为中国的出口复杂度明显超越了自身的收入水平，这一结论被称为"Rodrik 悖论"，并引起众多学者的争论。Hausmann 等（2007）、Schott（2008）、杨汝岱和姚洋（2008）等支持"Rodrik 悖论"；也有许多不赞同的观点，如杜修立和王维国（2007）、Xu（2010）、戴翔和张二震（2011）等也出现了对 Hausmann 出口复杂度指数的修正。对 Hausmann 出口复杂度指数的修正主要有三种观点：第一，区别出口产品的质量，如 Xu（2010）。第二，基于国内增加值，如姚洋等（2008），国内增加值的计算主要有三种方法，一是剔除中间产品的方法，二是垂直化分工的角度，三是全球价值链的角度对出口贸易品进行细分。第三，基于生产环节的修正，如杜修立等（2007）。

2.2.4.1 基于出口品质量的修正

Xu（2010）认为 Hausmann 的出口复杂度指标忽略了产品质量对出口复杂度的影响，他认为中国虽然出口产品属于复杂度高类别的产品，但中国却只出口了其中的低质量部分。因此他提出了出口复杂度测算中加入价格因素表示产品质量来修正出口复杂度的方法：

$$QPRODY_{kc} = q_{kc}^{\theta} \times PRODY_k$$

其中，$q_{kc} = p_{kc} / \sum_{k \in n} (\mu_{kc} p_{kc})$。

p_{kc} 表示 c 国 k 产品的出口价格，$\sum_{k \in n}(\mu_{kc}p_{kc})$ 表示 k 产品出口价格的加权平均数，权重 μ_{kc} 表示 k 产品出口额占世界 k 产品出口额的比重，θ 表示质量调整程度的参数。这种方法的优势在于可以区分不同复杂度产品类别中的质量高低，但是 θ 的取值有一定的随意性，且缺乏理论依据。

2.2.4.2 基于国内增加值的修正

一般认为，因为总出口中不仅包含国内增加值也包括外国增加值，因此以出口总量为基础不能准确地测算一国真正的出口复杂度，也不能很好地反映一国的实际贡献（Van Assche，2006；陈晓华等，2011），而且随着全球价值链分工的不断深化，这一方法产生的误差变得更加突出。在全球价值链分工体系下，一国既是中间产品的需求者同时又是中间产品的供给者，一国在进口大量中间产品的同时又出口大量的中间产品（Hummels et al.，2001；卢锋，2004；Van Assche et al.，2008）。传统的国际贸易总量统计方法中没有区分国内贡献和国外贡献，总出口额中包括进口中间产品的价值，要想更恰当地衡量一国的出口技术结构必须对出口中的国内贡献和国际贡献进行区分。剔除出口中所包含的进口中间投入品价值，目前采用的方法主要有以下三种：

方法一，通过直接减去进口的中间产品的价值来估算出口中的国内增加值。Feenstra 等（2003）用加工出口减去加工进口的差额比上加工出口来计算加工贸易的国内增值率，Van Assche 等（2008）用一般贸易出口额加上加工贸易出口额再减去加工贸易进口额来测算中国出口规模中的国内增加值。姚洋等（2008）认为一国出口商品的技术含量包含进口产品的技术含量和国内技术含量，因此在垂直化分工体系下，计算一国出口技术结构应该剔除中间产品的技术含量，这样才可以更准确地反映一国出口产品中国内价值增值的部分。其基本思路是，一国的出口品的全部技术含量包括其所在环节的技术含量和中间投入品的技术含量组成，因此，一国的国内技术含量应该是一国出口产品的全部技术含量减去所有中间投入品的技术含量。这种方法虽然考虑了中间产品对出口复杂度的影响，但是进口中间产品中也可能有本国贡献的部分，因此将全部进口产品视为中间产品剔除的方式也不够科学。陈晓华等（2011）通过加权的方法测算了我国的出口复杂度，权重为"1 - 加工贸易进口比重"，其中加工贸易进口比重为加工进口比上该产业的出口，通过这种方法将出口贸易中的国外产品进口部分剔除。

方法二，利用投入产出表测算垂直化分工系数来计算出口商品所包含的完全国内增加值。Hummels 等（2001）提出了垂直专门化（Vertical Specialization，VS）率的概念，用来表示出口产品中进口中间产品的比重，即出口产品中的国外增加值率，这一概念被广泛用来衡量一国参与国际化分工的状况。黄先海等（2007）延用 Hummels 的方法，利用我国 1992～2003 年的投入产出表数据测算了我国制造业的垂直专业化系数。Lau 等（2007）应用非竞争型投入产出模型开创性地从数学上严格证明了一国的出口产品价值可以分为两大部分，即出口品的完全国内增加值和出口品的完全国外增加值，因此，单位出口品的完全国内增加值系数等于"1 – 垂直专门化"。

方法三，全球价值链体系下利用投入产出表分解出口计算出国内增加值，进而计算出口复杂度。因此，这种方法的核心就是增加值贸易核算（全球价值链核算）。增加值贸易（Trade in Value Added，TiVA）是衡量净出口贸易中增加值流动的一种概念，为避免中间产品的进出口带来的重复计算，考察一国在某一产品中出口的贡献，只有国内增加值的数额才能真正反映一国出口中真正的贡献。例如，中国向欧盟出口电视机，记入中国对欧盟出口额的不是电视机的总价值，而是由中国厂商生产的增加值部分，只有增加值的部分才被核算为对欧盟的出口额，从而避免了总贸易数据中的重复计算。可以看出，通过贸易增加值的方式双边贸易平衡可能会发生较大变化，例如典型的例子，在苹果手机的贸易中，以出口额计算，中国向美国出口苹果手机被记入高技术产品出口，但实际情况是我国出口苹果手机总价值的 3.9% 才是国内创造的部分。这意味着，中美之间的贸易逆差比实际要小得多。除了美国的品牌价值及核心技术价值，其余的价值增值部分发生在关键零部件的生产国，例如日本、德国、韩国等国家。

因此对增加值贸易进行分解可以更清楚准确地判断一国出口中的国内贡献的大小，在全球价值链核算领域，主要以 Timmer 等（2013，2014）、Koopman 等（AER，2014）、WWZ（NBER Working Paper，2013）和 WWYZ（NBER Working Paper，2017a，2017b）的研究为代表。对增加值的分解可以分为两大类，国内增加值（DVA）和国外增加值（FVA）。如表 2 – 1 所示，可以对出口进行细分，国内增加值（DVA）是指出口的产品中，母国产生的增加值包括本国生产出口的最终商品、本国中间产品的出口，本国中间产品出口后又被出口到第三国，本国中间产品出口后返销国内的部分。国外增加值（FVA）出口商品中的国外中间产品增加值部分，FVA 通常遵循原产国原则。丁小义（2013）利用 OECD 计算的完全国内增加值率测算了我国的出口复杂度，结果发现，在出口中扣除了进口中间投入品的附加值后，我国的出口复杂度出现了一定程度的下降，表明原测算方法会出现中国的出口复杂度被高估的情况。

表 2 - 1　增加值贸易分解

总出口 (Gross Exports)	国内增加值 (Domestic Value Added, DVA)	最终商品出口比重 (Exported in Final Goods)	出口直接增加值 (Inditrect Value – added Exports)
		中间产品出口 (Exported in Intermediates Absorbed by Direct Importers)	
		中间产品出口又出口到第三国 (Exported in Intermediates Re – exported to Third Countries)	出口间接增加值 (Indirect Value – added Exports)
		中间产品出口又返销国内 (Exported in Intermediates that Return Home)	
	国外增加值 (Foreign Value Added, FVA)	其他国家中间品国内增加值 (Other Countries DVA in Intermediates)	

资料来源：张磊. 全球价值链下的国际贸易统计 [M]. 上海：上海人民出版社，2015.

　　不同测度方法各有优劣，本书采用 Hausmann 的方法进行出口复杂度的测算。但是在全球价值链分工背景下，中间产品的多次进出口包含了国外部分的价值贡献，因而对采用出口额的方式测算一国出口技术结构是不准确的。采用国内技术含量的方法测算出口复杂度，试图剔除进口中间产品的影响，但如表 2 - 1 所示，进口的中间产品也有可能有国内贡献，简单直接地剔除进口中间产品的方法虽有所改进但也不够准确。在全球价值链分工背景下，各国在各个不同环节各个不同工序的价值增值都是不一样的，同一劳动力、资本或中间投入品的价值会被计算多次，出现大量重复计算而夸大贸易量及贸易差额的现象。从这一视角来看，采用国内增加值（贡献值）的方法能更合理的反映一国出口技术结构和特定出口对一国经济发展的真正贡献。因此，本书基于 Hausmann 的计算方法，运用对外经贸大学全球价值研究院根据 WIOD2016 分解计算的国内增加值数据[①]进行出口复杂度的测算。

2.2.4.3　基于生产环节的出口复杂度的修正

出口复杂度的测度指标以人均收入为基础，以某商品出口额占该国出口总额的比重为权重的出口复杂度指标，权重的选择侧重于流道环节上，杜修立、王维国（2007）认为采取出口产品附加值权重的方法过多地依赖了贸易数据，忽略了产品的贸易分布和生产分布之间的差异，另外，出口篮子的技术水平与技术结构也没有进行严格的区分。基于此，杜修立在"产品越在高收入国家生产，该产品越具有高技术含量"的基础上，考虑商品的生产环节建立了技术结构高度指数。出口贸易的技术结构高度（杜修立、王维国，2007）同样以人均收入为基础，但在权重的选择侧重于生产环节，以该国某产品的生产份额为权重。

第一步，构造技术含量指标 TC_j：

$$TC_j = \sum_{i=1}^{n} ps_{ij} \cdot Y_i$$

其中，j 表示产品，i 表示国家，Y 表示人均收入，TC_j 仍然是人均收入的加权平均，只是这里的权重和出口复杂度的权重不同，这里的权重 ps_{ij} 为 i 国生产产品 j 的世界份额。

第二步，计算贸易的技术结构高度：

$$TCI_j = \frac{TC_j - TC_{\min}}{TC_{\max} - TC_{\min}}$$

$$ETCI_j = \sum_{j=1}^{n} TCI_j \cdot es_j$$

其中，TCI 表示产品的技术高度指数，$ETCI$ 表示经济体的技术结构高度。es 表示出口份额。TCI 指数取决于该产品的技术含量、最高技术含量产品的技术含量及最低技术含量产品的技术含量之间的关系。$ETCI$ 指数反映了某一经济体的出口技术结构，是所有一国所有产品技术含量的加权平均，权数为该产品的出口份额。

---

① 该指标体系主要是基于目前比较成熟的增加值贸易核算或分析方法，采用 KWW（2014）、WWZ（2013）和 WWYZ（2017a，2017b）的核算方法。

2.2.5 出口相似度

Hausmann 和 Klinger（2007）提出的产品空间与比较优势演化理论中，用产品邻近度衡量了产品技术的接近程度，用产品密度来衡量一定技术水平上的产品数量分布。邻近度的衡量有两个维度：一个是产品维度，另一个是国家维度。产品维度衡量了产品间的技术接近程度，是产品间距离的表现，就像猴子爬树，要从一棵树跳到另外一棵树上并非总能实现，取决于距离的远近，产品技术升级亦如此。Hausmann 和 Klinger（2007）、Hidalgo（2007）提出了一般性的考察两种产品或两个国家的相似度的方法。出口相似度指标反映了产品、国家两个层面的相似程度，国家维度即表示了出口相似度。出口相似度（Export Proximity Index）为两国出口结构比较提供了依据。以显示性比较优势（Balassa，1986）为基础，提出了两国贸易结构相似度指标。显示性比较优势公式如下：

$$RCA_{c,i} = \frac{X_{c,i}}{\sum_i X_{c,i}} \bigg/ \frac{\sum_c X_{c,i}}{\sum_c \sum_i X_{c,i}}$$

如果 $RCA \geqslant 1$，则认为 c 国在 i 产品出口上有优势，即有效地出口了 i 产品；如果 $RCA < 1$，则认为 c 国没能有效地出口 i 产品。

$$\varnothing_{ij} = \min \{ P(RCA_i \mid RCA_j) ; P(RCA_j \mid RCA_i) \}$$

其中，$\varnothing_{ij}$ 表示 i 国和 j 国的出口相似度，（$RCA_i \mid RCA_j$）表示条件概率，$P(RCA_i \mid RCA_j)$ 表示如果产品在 j 国作为优势产品出口的话，在 i 国也作为优势产品出口的概率。此外，为了克服某些国家出口结构相对单一造成的被大国出口结构覆盖的情况，使用双边条件概率的最小值来定义。

张其仔（2008）以比较优势演化理论为框架，分析了我国产业升级的路径及断档问题；胡立法（2015）在产品空间结构下，运用邻近度、普遍性、多样性等指标比较分析了中韩的产业升级问题。国家维度衡量了国家间技术水平的相似程度，邓兴华、崔凡等（2015）计算了双边出口结构相似性指标，用引力模型实证分析了出口结构相似度对双边贸易的影响。

2.2.6 全球价值链指数

Koopman 等（2010）在 Dadin 等（2009）的基础上，构建了全球价值链参与度指数和全球价值链地位指数，来反映一国参与全球分工的程度和地位。由于计算全球价值链地位指数时，两个全球价值链参与度程度有差异的国家可能具有相同的全球价值链地位指数，为此，还需要定义全球价值链参与度指数并结合全球价值链地位指数来衡量一国参与全球价值链的分工情况。本书将综合选用全球价值链参与度指数和全球价值链地位指数，作为后续章节以全球价值链衡量我国出口技术结构的分析指标。

2.2.6.1 全球价值链参与度指数

全球价值链参与指数（GVC_ Pat）表示一国出口中的进口中间品使用和出口到第三国后作为中间品再次用于出口两者加总占总出口之比。全球价值链参与度可以为前向参与度（GVC_ Pat_ f）和后向参与度（GVC_ Pat_ b），计算公式如下：

$$GVC\_ Pat = \frac{IV}{E} + \frac{FV}{E}$$

$$GVC\_ Pat\_ f = \frac{IV}{E}$$

$$GVC\_ Pat\_ b = \frac{FV}{E}$$

其中，IV 表示一国某产业总出口中的间接国内增加值（Indirect Domestic Content of Gross Exports），也就是一国某产业出口到其他国家的中间产品又被出口到第三国的增加值，表示被进口国用来生产第三国所需产品的进口中间品所含的国内增加值；FV 表示一国某产业出口总值中的国外增加值（Foreign Value Added Content of Gross Exports）；E 表示附加值角度核算的一国某产业的总出口额。IV/E 表示一国某产业作为其他国家中间产品的提供者，其间接增加值占出口总值的比重，即前向参与度，FV/E 表示国外增加值占出口总值的比重，即一国某产业作为进口其他国家中间产品的比重，即后向参与度。GVC_ Pat 指数越大，说明一国参与全球价值链分工的程度就越高；GVC_ Pat_ f 指数越大，说明一国越是更多地向他国提供中间产品，一国就越是处于全球价值链的高端；GVC_ Pat_ b 指数越大，说明一国越是更多地接受他国的中间产品，一国越是处于全球价值链的低端。

2.2.6.2 全球价值链地位指数

一国在全球价值链分工中地位可以由全球价值链地位指数表示，该指数衡量了一国某产业出口间接增加值出口与出口国外增加值出口的差距，计算公式为：

$$GVC\_position = \ln\left(1 + \frac{IV}{E}\right) - \ln\left(1 + \frac{FV}{E}\right)$$

Koopman 等指出，如果一国处于价值链的高端，则该国将会更多地为其他国家生产并出口投入品，在这种情况下，该国中间产品出口又被出口到第三国的间接出口部分（IV）大于该国出口品中进口中间产品的份额（FV）。反之，一国处于价值链的低端，则该国出口中更多地使用了他国的中间产品，在这种情况下，该国中间产品出口又被出口到第三国的间接出口部分小于该国出口品中进口中间产品的份额。因此，全球价值链地位指数越大，说明一国某产业的全球价值链分工体系中的地位越高；全球价值链地位指数越低，说明一国某产业在全球价值链分工体系中的地位越低。

2.3 关于出口技术结构升级影响因素的文献综述

2.3.1 FDI 与出口技术结构升级

Wang 和 Wei（2008）指出部分国家吸收外商直接投资会对一国的出口复杂度产生较大的正向影响，特别是一些国家吸收了来自发达国家的 FDI 对其出口复杂度增加的影响更大。Fontagne 等（2007）认为中国制造业惊人的增长速度和规模与中国大量吸收 FDI 密切相关，数据显示，从 2001 年起，外资企业在我国高技术产品的出口方面占据了半壁江山；Xu（2009）以 Hausmann（2005）模型为基础对行业层面的出口复杂度进行了研究，结果显示，我国的出口技术结构向更复杂的产业转移，其根本原因之一是吸收外商直接投资，特别是 OECD 国家成员国的投资。

根据学术界现有研究可知，FDI 对出口复杂度升级的影响途径主要有直接途径和间接途径，FDI 影响出口技术结构的直接途径体现在 FDI 的技术溢出效应上，FDI 影响出口技术结构的间接途径体现在 FDI 通过影响出口、经济增长等间接影响出口技术结构上。

2.3.1.1 直接影响途径

FDI 对出口技术结构的直接影响体现在其通过对一国生产能力的正向作用上，对一国的出口和经济增长都产生深远影响，进而提高一国出口的技术水平。FDI 通过技术溢出、产业集聚等促进生产率提高。发达国家对发展中国家 FDI 的流入会产生技术溢出效应，Hale 和 Long（2006）、Gorg 和 Greenaway（2004）、蒋殿春和张宇（2008）等，从而提高出口商品的质量水平。FDI 的技术溢出对于发展中国家和地区尤为重要，FDI 的技术溢出是发展中国家技术进步的主要驱动力之一。

FDI 的技术溢出分为水平技术溢出和垂直技术溢出，Blalock（2001）首次提出了 FDI 垂直技术溢出和水平技术溢出的计算方法，Katz（1969）根据对阿根廷外商直接投资与制造业技术进步的研究发现，FDI 无论是对行业内还是对行业间的技术溢出均促进了制造业技术进步；姚洋和章奇（2001）、Du 等（2012）验证了 FDI 在中国工业行业中的技术溢出效应，并得出结论，FDI 在中国行业间的技术溢出效应大于行业内的技术溢出效应；Kohpaiboon（2006）对泰国、Crespo 等对葡萄牙、Le 和 Pomfret（2011）对越南、Javorcik 和 Spatareanu（2008）对罗马尼亚、Suyanto（2013）对印度尼西亚分别进行了实证研究，结果显示行业间的技术溢出效应比行业内的技术溢出效应更显著促进了出口复杂度的提升。

FDI 在发展中国家的技术溢出主要通过前向技术溢出和后向技术溢出促进出口技术结构升级，王欣和陈丽珍（2008）对江苏制造业的 FDI 前向技术溢出和后向技术溢出进行了实证研究，结果显示前向和后向技术溢出效应都显著；Du 等（2012）研究了 1998～2007 年 FDI 对我国企业的技术溢出效应，结果发现 FDI 对我国企业的前向和后向技术溢出效应都很显著。关于前向技术溢出和后向技术溢出的效应大小的研究也有不同的看法，姜瑾和朱桂龙（2007）选用1999～2003年的内资企业工业行业数据实证考察了 FDI 对我国企业劳动生产率的影响，研究发现 FDI 对我国的前向技术溢出明显、后向技术溢出不明显。相比较之，对后向技术溢出的研究更多，更多研究认为后向技术溢出才是 FDI 技术溢出的主要途径。Unctad（2001）认为 FDI 的后向技术溢出在发展中东道国发挥了更为重要的作用，Liu 和 Lin（2004）运用我国企业层面的面板数据，发现后向技术溢出稳健地促进了出口技术结构的提升。国外研究也有类似结果，Blalock（2001）实证分析了印度尼西亚 FDI 的技术溢出、Schoors 和 Bartoldus（2001）实证分析了匈牙利 FDI 的技术溢出、Smarzynska（2002）实证分析了立陶宛 FDI 的技术溢出、Merlevede 和 Schoors（2007）实证分析了罗马尼亚 FDI 的技术溢出，结果显示，FDI 的垂直技术溢出中后向技术溢出是促进东道国出口技术结构升级的关键；王明益等（2015）基于 DFS 模型以中欧贸易为研究对象实证分析了外商直接投资对我国出口技术结构的影响，结果表明，外商直接投资的前向技术溢出的效应不明显，后向技术溢出的效果显著。

2.3.1.2 间接影响途径

FDI 影响出口技术结构的间接途径体现在 FDI 通过影响经济增长、出口间接影响出口技术结构上。①FDI 通过对经济增长的正向影响，促进出口复杂度的深化。FDI 是内生经济增长的重要源泉（程惠芳，2002），经济增长将推动出口复杂度的提升（Hausmann et al.，2007）。②FDI 促进出口能力增强，有利于出口复杂度的深化。发达国家的跨国公司比当地企业具有更大的优势（Assche and Gangnes，2008），FDI 与本国企业之间的竞争是产品更加多样化且有利于产品创新。另外，发达国家跨国公司在对发展中国家投资时，往往会对东道国所生产的产品"回购"，这种"回购"行为会提高一国的出口复杂度。江小娟（2002）的实证研究发现，FDI 的流入改变了各国原有的要素结构和贸易结构，改善了一国出口产品的质量，进而促进了出口技术结构升级。除此之外，FDI 通过对东道国的产业集聚（Ciccone and Hall，1996）和促使国内企业技术创新（Grossman and Helpman）提高一国生产能力，优化贸易技术结构。

2.3.2 人力资本、研发投入与出口技术结构升级

20 世纪初，欧文·费雪（I. Fisher）最早提出了人力资本的概念，提出所有能带来收益的东西都是资本，这里的资本不仅包括有形资本，也包括人力资本和知识资本等无形资本，但由于 20 世纪 50 年代之前的资本主义机器大工业时期，经济增长的推动力主要是物质资本，因此古典经济学家并没有对人力资本理论展

开系统的阐述。随着第三次科技革命带来经济增长方式的转变，人力资本在经济中的作用凸显出来。20世纪50年代，美国经济学家Schultz明确提出了人力资本的概念，他认为，人力资本包括健康、"边干边学"正式教育等方面，将人力资本界定为"体现于人身体上的知识、健康、能力"，是人作为消费者和生产者的能力的体现。Lucas（1988）将人力资本引入经济增长模型，认为人力资本是知识产品的主要载体，人力资本的存在放松了新古典经济增长理论的要素边际报酬递减的约束，使得经济长期持续增长成为可能。

Engelbrecht引入人力资本解释创新，他认为将人力资本作为自变量后，国际R&D溢出对全要素生产率的影响为正且是显著的。Stokey（1991）将人力资本禀赋引入市场均衡结果中，发现人力资本禀赋较低的发展中国家生产低质量差异产品，而人力资本禀赋较高的发达国家生产高质量差异产品。Wang和Wei（2010）认为出口结构升级的关键在于人力资本的积累和政府的支持政策。戴翔等（2014）选用制度因素、产业内分工及其交互项为基础变量，分别运用OLS和GMM估计方法，实证分析结果显示制度质量对出口技术复杂度有显著的积极影响。祝树金等（2010）拓展Hausmann等的理论框架，实证分析了影响出口技术结构的因素，结果显示，人力资本、资本劳动比、研发投入等显著促进了出口技术水平。姚洋、张晔（2008）在研究我国出口技术结构时，测算中国出口品国内技术含量，并通过实证研究发现人力资本水平的提升对出口技术结构具有显著正向促进作用，且在内外资企业中效果更显著。齐俊妍等（2011）以金融发展为核心变量，人力资本存量为控制变量，实证研究显示不仅金融发展对出口技术复杂度的提升作用，人力资本存量的增加也有利于一国提升其出口技术复杂度。李磊等（2012）运用2002~2008年分省份分行业4位HS分类贸易数据，实证研究地区专业化对出口技术结构影响的同时，发现地区人力资本禀赋的提升有利于地区出口技术复杂度的提高。李小平等（2015）测算了制造业的出口复杂度，研究了不同制造业行业出口复杂度对经济增长的作用，研究发现，重工业、同质性行业和中等技术行业的出口复杂度提升显著促进了行业增长。

人力资本并非都是与生俱来的，很大部分是通过后天学习得到的。因此人力资本的来源主要有以下几种途径：第一，教育资本投资，这是人力资本获取最基础最直接的途径，教育投资有两种形式，分别为正规教育和业余教育。它不仅可以直接投入到生产和服务的过程中，而且是其他类型人力资本投资形成的基础。第二，专业技术资本投资，是人们通过职业教育、大学教育、在职进修等专业技术教育获得的，可以直接运用于生产或服务的知识和技能。第三，边干边学，这种人力资本是人们在生产生活中通过不断地实践积累形成的，边干边学的实际效果取决于人的接受能力、转化能力和学习能力，是人力资本中作用于技术进步的最具有实践意义的途径。

2.3.3　垂直化分工与出口技术结构升级

1996 年起，中国出口的高技术产品（Advanced Technology Product）出口中绝大多数是通过加工贸易实现的，其中 2002 年以后这一比例超过了 95.5%（Fontagne et al.，2007）。Naughton（2007）指出自 2001 年起，外商投资公司（Foreign Invested Enterprise）在我国高技术产品出口中占据了半壁江山，从 2003 年起这一指标已经超过了 85%。外商出口的高技术产品全部归属于中国产业出口复杂度的方法是不能够准确反映我国的出口技术结构的，于是，关于垂直化分工对出口技术结构的影响的研究引起了很多学者的关注。加工贸易虽然不能全部解释我国出口技术结构的升级，但是一定时期加工贸易促进了我国制造业出口技术结构的提升（Wang and Wei，2008）。姚洋等（2008）在剔除加工贸易出口的影响后，测算了广东省的出口技术结构，结果显示广东的出口技术结构变化轨迹呈 V 字形，先下降后上升的；Xu 和 Lu（2009）的研究表明，我国制造业出口技术结构和加工贸易的关系与加工贸易企业的企业性质有关，外资企业的加工贸易出口促进了我国制造业出口复杂度的提升，内资企业的加工贸易反而与出口复杂度负相关；Asier Minondo（2008）运用 1996~2005 年西班牙的出口数据，测度了该巴斯克自治区的出口复杂度，并分析了加工贸易对出口复杂度的正向作用。Guerson 和 Parks（2007）以阿根廷为例，发现了经济增长和加工贸易对出口复杂度的正效应。Branstetter 和 Lardy（2006）在经验分析的基础上指出发达国家在中国的跨国公司将中国作为出口平台的行为，显著地改善了中国的产业出口复杂度；Amighini（2005）通过对我国信息通信技术行业的分析中发现，当地的代工企业的外包行为使之受益，通过外包过程中的技术扩散，实现了从原来的简单组装到独立制造的蜕变；Hijzen 等（2010）使用日本企业数据研究结果显示，外包程度每增加 1 个百分点，企业生产率提升 0.17 个百分点；胡昭玲（2007）认为，垂直化分工提升产业竞争力的途径主要有三条：发挥比较优势、规模经济、技术扩散，垂直化分工在资本密集型行业和技术密集型行业对产业竞争力的提升效果越大，且我国制造业行业垂直化分工程度提高 1 个百分点，全要素生产率平均上升 0.47%。唐海燕和张会清（2009）认为高层次的垂直化专业分工有利于发展中国家出口复杂度的提升；陈晓华和刘慧（2013）认为垂直化分工对我国出口技术结构升级的影响存在时间差异，垂直化分工对我国各区域的出口技术结构的影响先负后正，这是因为一国在参与全球价值链分工的初始时期往往位于价值链的最底端，因而垂直化分工与出口技术结构负相关，随着时间推移，生产向中高端拓展，垂直分工对出口技术结构表现为正向的促进作用；邱斌等（2012）的研究发现，垂直化分工促进了一国制造业出口技术结构升级，在资本密集型行业的垂直化分工对出口技术结构的提升效果更为显著。

也有学者认为加工贸易对出口复杂度的影响并不明显，其中 Wang 和 Wei（2007）通过运用中国城市出口数据的实证分析了加工贸易对我国出口复杂度的影响，认为加工贸易并没有显著促进我国出口复杂度提升。

2.3.4 金融发展、基础设施与出口技术结构升级

无论是企业的创新研发过程还是生产过程都离不开金融支持，King 和 Levine（1993）等学者认为，金融服务水平与经济结构和经济增长关系密切。[1] Pagano（1993）认为金融发展通过储蓄投资转化机制，增加了高技术项目产品的资本投入，从而促进了一国技术水平的进步；Rajan 和 Zingales（1998）首次提出了金融发展比较优势假说，认为在信息不对称下，金融发展有利于企业克服道德风险和逆向选择问题，降低企业融资成本促进经济增长。对于外部融资依赖度较高的企业而言，金融发展是一种比较优势，因此外部融资依赖度较高的企业在金融发展水平较高的国家将具有更高的增长率，拥有较高的出口份额并获得更多的贸易利益。Beck（2002，2003）认为：一方面，如果金融发展是比较优势的来源，那

---

① R. King, R. Levine. Finance and Growth: Schumpeter might be Right [J]. Quarterly Journal of Economics, 1993 (108).

么金融改革可能会影响贸易平衡，在金融发展水平具有比较优势的国家往往制造业出口占 GDP 的比重较高；另一方面，贸易结构效应可能在很大程度上依赖于金融发展水平，金融体系的有效运作有利于贸易结构的改善。因此，金融改革应当成为政府优先考虑的，且应该侧重于向中小企业提供特殊支持（Beck，2005）。Greenaway、Guariglia 和 Kneller（2007）也认为中小企业在出口和投资中会受到资金短缺的制约，出口鼓励政策以及金融支持有利于间接增强它们的投资支出和生产率。Thomas Chaney（2005）指出金融不发达会阻碍出口，金融市场的深化或广化会增加总出口。齐俊妍、王晓燕（2016）选取金融效率指标、商业银行相对集中度指标、股票市场指标分析了金融发展对出口复杂度的影响作用机制，指出金融发展水平显著促进了出口复杂度提升，并指出较高外部金融依赖行业的金融发展水平对出口复杂度的影响更为显著。刘钻石等（2016）选取外部金融依赖度、有形资产两个金融市场指标，实证分析了金融发展对贸易结构的影响，结果显示，金融发展促进了外部金融依赖度高的行业出口技术结构的升级。Bao 和 Yang（2009）以 1990~2004 年省级面板数据为基础，探讨了金融发展与中国制造业贸易之间的关系，认为金融发展基础设施对中国制造业贸易有重要影响。

王永进等（2005）运用 Hausmann 和 Xu（2007）的方法测算了出口复杂度，以人力资本禀赋、自然资源禀赋、市场潜力、开放程度和 FDI 为控制变量，实证分析了基础设施的发展进步显著促进了各国出口技术复杂度的提升，并认为提升出口产品的技术复杂度，有利于实现经济的长期增长；王永进等（2010）使用 HS—6 分位的跨国数据测算了 101 个国家的出口技术复杂度，以基础设施为基础变量，自然资源禀赋、人力资本禀赋、市场潜力、开放程度和 FDI 为控制变量，实证分析了基础设施如何提升出口技术复杂度；张雨、戴翔（2015）测算了 112 个经济体服务出口复杂度，并运用跨国面板数据实证分析了人力资本、服务贸易开放度、利用外资额、人均 GDP 水平、基础设施以及制度质量等对服务出口复杂度的正向影响；董宇、杨晶晶（2016）利用中国省级面板进行了实证研究，实证结果显示物流发展对区域出口复杂度有显著的促进作用。

2.3.5　知识产权保护与出口技术结构升级

发达国家与发展中国家在创新与模仿的不断循环中实现产品质量升级，产品是知识和能力的集中体现，因此知识产权保护的合理适度就显得特别重要了。知识产权保护对创新国和模仿国的影响可以从以下两方面来分析：一方面，知识产权保护少，创新国有被模仿的风险；另一方面，如果创新国在创新知识方面有着比较优势，则技术转移将会使创新国节省生产资源更多地用于从事研发活动。从现有研究中可以看出，关于知识产权保护对贸易的影响无论从理论上还是从实证上都存在不确定性。

Helpman（1993）认为国际知识产权保护不利于创新国也不利于模仿国；Taylor（1994）则认为国际知识产权保护不利，对创新国的 R&D 活动及全球经济增长也不利；Gustafssib 和 Segerstrom（2010）认为在存在严格的知识产权保护时，模仿将变得更加困难，这会促进模仿国的技术转移和创新国的技术创新。柴江艺、许连和（2011）以经济环境、人文制度为控制变量，选用专利授权量、法律虚拟变量作为知识产权保护度量指标，实证分析了知识产权保护对我国高技术产品进口贸易的影响，结果显示知识产权保护促进了我国高技术产品的进口。杨林燕、王俊（2015）运用 GMM 估计方法，从行业层面分析了知识产权保护对出口技术复杂度的促进作用。

3 制造业出口技术结构升级的
机制和途径

本章第一部分分析了制造业出口技术结构、制造业出口技术结构升级的内涵。第二部分借鉴 Hausmann（2006）成本发现理论模型和祝树金（2010）的分析框架，以 C – D 生产函数为基础，探讨了制造业出口技术结构升级对经济增长的影响，拓展了制造业出口技术结构升级的模型并分析了制造业出口技术结构升级的影响因素。制造业出口技术结构主要取决于外来的、内部的能够促进知识积累和技术进步的因素，外来因素主要表现为外商直接投资带来的资本增加和技术溢出，内部因素主要表现为人力资本、研发投入对出口技术结构的直接影响，以及金融发展、基础设施对出口技术结构升级的支持。第三部分深入探讨了制造业出口技术结构升级的途径，包括技术溢出途径、人力资本途径、规模经济途径、成本节约途径。

3.1 制造业出口技术结构升级的内涵

3.1.1 制造业的分类

通常来讲，制造业指的是经过有机整合和利用原料、能源、设备、工具、资金、技术、信息和人力等要素，制造出符合市场需求的工业品和生活消费品的出口[①]。根据中国国民经济行业分类标准，制造业包括 31 个大类行业，169 个中类和 482 个小类行业。制造业（Manufacturing Industry）按三次产业分类法，属于工业，归类于第二产业，但不包括第二产业中的采矿业，电力、热力、燃气及水的生产和供应业，建筑业。根据《国民经济行业分类》（GB/T 4754—2017）[②]，制造业是指经过物理变化或化学变化后成为新的产品，不论是动力机械制造或手工制作，也不论产品是批发销售或零售，均视为制造。本书研究的制造业对制造业的研究主要基于跨国数据和省级数据，其中跨国数据来源于 WIOD2016，省级数据来源于各省出口增加值。2009～2012 年数据来源于《国民经济行业分类》（GB/T 4754—2002），2013～2016 年数据来源于《国民经济行业分类》（GB/T 4754—2011）。两个版本的行业分类基本一致，2002 年分类标准中的橡胶制品业和塑料制品业在 2011 年标准中合并为橡胶和塑料制品业，2002 年分类标准中的交通运输设备制造业在 2011 年分类标准中分为汽车制造业和铁路、船舶、航空航天和其他运输设备制造业。为了计算的方便，我们对数据进行合并，采用橡胶和塑料制品业以及交通运输设备制造业的分类方法。由于数据源不同，产业分类标准不同，为便于解释，国家样本和选择制造业部门及省级样本和制造业门类将在附录中列出。

3.1.2　制造业出口技术结构升级的涵义

通过相关文献的研究，出口技术结构升级意味着一国出口商品中高技术产品比重上升或出口复杂度的提升。制造业出口技术结构升级的内涵可以概括为两个方面：第一，制造业出口技术结构升级意味着制造业出口产品结构中高技术含量的制造业出口产品比重增加，低技术含量的制造业出口产品比重降低；第二，制造业出口技术结构升级意味着制造业出口产品由低端、低附加值产品向高端、高附加值产品转变。

---

① 西蒙·库兹涅茨. 现代经济增长［M］. 戴睿，易诚译. 北京：北京经济学院出版社，1989.
② http：//www. stats. gov. cn/tjsj/tjbz/201709/t20170929_ 1539288. htrrl.

3.2 制造业出口技术结构升级的机制分析

3.2.1 制造业出口技术结构升级与经济增长

对外贸易与经济增长的关系研究是国际贸易研究的核心。从古典国际贸易理论、新古典贸易理论到现代国际贸易理论再到新贸易理论和新新贸易理论,其研究的核心问题都是对外贸易对经济增长和社会福利增加的影响。随着 20 世纪 80 年代内生经济增长理论的兴起,把技术进步内生于经济增长,认为技术进步是经济增长的源泉(Romer,1991),之后,新新贸易理论将内生经济增长模型和贸易理论相结合,把出口的规模效应和出口企业的技术溢出效应对经济增长的影响考虑进来,产生了出口内生技术增长模型。

本节以 Levin 和 Raut(1997)的出口内生技术进步增长模型为基础,借鉴洪世勤(2013)的模型框架,从柯布—道格拉斯生产函数出发,构建出口技术结构升级与经济增长的模型。

首先,构建出口内生技术进步增长模型:

$$Y_{it} = A_{it} K_{it}^{\alpha_1} L_{it}^{\alpha_2} \tag{3-1}$$

其中,Y_{it} 表示总产值,A_{it} 表示技术进步,K_{it} 表示资本投入,L_{it} 表示劳动投入,i 表示行业,t 表示时间。

出口企业比非出口企业拥有更高的生产率,从要素密集度角度来讲,出口企业较之非出口企业往往生产资本密集型或技术密集型的产品(Bernard and Jensen,1999)。因此,从一般意义上来讲,出口技术结构升级能够带动一国的经济增长。出口企业之所以比非出口企业有更好的表现主要有以下三个原因:第一,企业的自选择效应(Bernard et al.,2003;Melitz,2003);第二,出口的学习效应(Aw et al.,2000;Van Biesebroeck,2005;De Loecker,2007);第三,投资效应(Bernard and Jensen,1997;Yeaple,2005;Lileeva and Trefler,2010;Iacovone and Javorcik,2012)。Levin 和 Raut(1997)认为,出口带动经济增长的技术进步因素分为两类：一类是出口企业比非出口企业有更高的要素生产率；另一类是出口企业对非出口企业的技术扩散效应带动了整体技术水平的提升，鉴于此，构建如下出口内生技术进步模型：

$$A_{it} = B_{it} \left(1 + \delta \frac{X}{Y} \right) X_{it}^{\theta} \tag{3-2}$$

其中，X/Y 表示出口占总产值的比例，X_{it} 表示实际出口额，δ 表示出口占总产值比重的弹性系数，θ 表示出口企业对非出口企业的技术溢出程度，B_{it} 表示影响技术水平的其他因素。内生增长理论认为技术进步是经济增长的根本原因（Romer，1990），从式（3-1）、式（3-2）可以看出，通过提高 δ 和 θ 可以促进技术水平进步进而促进经济内生增长。也就是说，出口促进技术进步进而促进经济内生增长有两条途径：第一，可以通过出口部门自身要素生产率的提高来实现；第二，可以通过提高出口企业向非出口企业的技术溢出来实现。

将式（3-1）、式（3-2）合并可以得到：

$$Y_{it} = B_{it} \left(1 + \delta \frac{X}{Y} \right) X_{it}^{\theta} K_{it}^{\alpha_1} L_{it}^{\alpha_2} \tag{3-3}$$

将式（3-3）两边取对数可得：

$$\ln Y_{it} = \ln B_{it} + \ln \left(1 + \delta \frac{X}{Y} \right) + \theta \ln X_{it} + \alpha_1 \ln K_{it} + \alpha_2 \ln L_{it} \tag{3-4}$$

由于当 z 较小时，$\ln(1+z) \cong z$，所以，式（3-4）可以表示为：

$$\ln Y_{it} = \ln B_{it} + \delta \frac{X}{Y} + \theta \ln X_{it} + \alpha_1 \ln K_{it} + \alpha_2 \ln L_{it} \tag{3-5}$$

Lall（2000）按技术水平不同将 SITC Rev. 3 三位编码下的产品分为五大类：初级产品（PP）、资源型产品（RB）、低技术产品（LT）、中技术产品（MT）、高技术产品（HT）。我们用不同技术水平产品出口占总产值的比重对出口占总产出的比重进行细分，分别为 $\frac{LT}{Y}$、$\frac{MT}{Y}$、$\frac{HT}{Y}$，以此来反映制造业出口技术结构。因此，式（3-2）可以拓展为：

$$A_{it} = B_{it} \left(1 + \delta_l \frac{LT}{Y} + \delta_m \frac{MT}{Y} + \delta_h \frac{HT}{Y} \right) X_{it}^{\theta} \tag{3-6}$$

将式（3-6）代入式（3-1）有：

$$Y_{it} = B_{it} \left(1 + \delta_l \frac{LT}{Y} + \delta_m \frac{MT}{Y} + \delta_h \frac{HT}{Y} \right) X_{it}^{\theta} K_{it} L_{it} \qquad (3-7)$$

将式（3-7）两边取对数有：

$$\ln Y_{it} = \ln B_{it} + \ln \left(1 + \delta_l \frac{LT}{Y} + \delta_m \frac{MT}{Y} + \delta_h \frac{HT}{Y} \right) + \theta \ln X_{it} + \alpha_1 \ln K_{it} + \alpha_2 \ln L_{it} \qquad (3-8)$$

同样对式（3-8）第二项做近似估计得：

$$\ln Y_{it} = \ln B_{it} + \delta_l \frac{LT}{Y} + \delta_m \frac{MT}{Y} + \delta_h \frac{HT}{Y} + \theta \ln X_{it} + \alpha_1 \ln K_{it} + \alpha_2 \ln L_{it} \qquad (3-9)$$

内生增长理论认为，经济增长的根本原因是技术进步（Romer，1991），技术进步主要源于国际贸易和研发投资（Grossman and Helpman，1991）。我们在出口内生技术进步模型中加入贸易技术结构变动的影响，如式（3-9）中，我们加入了不同技术水平的出口产品占总产值的比重，除此之外，我们同样可以把衡量出口技术结构变化的出口复杂度（EXPY）内生于经济增长模型中，从而将式（3-5）和式（3-9）拓展为：

$$\ln Y_{it} = \ln B_{it} + \delta \frac{X}{Y} + \theta \ln X_{it} + \alpha_1 \ln K_{it} + \alpha_2 \ln L_{it} + \alpha_3 \ln EXPY \qquad (3-10)$$

$$\ln Y_{it} = \ln B_{it} + \delta_l \frac{LT}{Y} + \delta_m \frac{MT}{Y} + \delta_h \frac{HT}{Y} + \theta \ln X_{it} + \alpha_1 \ln K_{it} + \alpha_2 \ln L_{it} + \alpha_3 \ln EXPY$$

$$(3-11)$$

从式（3-10）、式（3-11）中我们可以看出，出口技术结构内生于经济增长，促进经济增长的原因除了有劳动、资本外，出口、出口企业技术溢出、出口技术结构也是影响经济增长的关键因素。

3.2.2 制造业出口技术结构升级的机制

是否能够实现出口技术结构升级取决于企业的创新行为、生产服务（例如物流、基础设施、金融服务等）以及产品所蕴含的所有能力（例如规模经济、经济集聚、营销管理等）。

Hausmann（2006）认为，一国的出口技术结构在促进经济增长上发挥着重要的作用。一国生产出口什么样的产品，贸易结构如何不仅取决于比较优势，还取决于发现的潜在成本。Hausmann（2006）的"成本发现"理论认为当一国的出口企业进入一个新的领域时，可以选择自己研发创新产品或者模仿行业内现有的最高技术水平的企业。我们借鉴 Hausmann（2006）的思路创建模型来分析出口技术结构升级的机理。

模型涉及变量如下：

h——技术边界，h 取决于一国的比较优势，是资本和劳动力水平的体现，h 越大表明一国劳动生产率水平越高。

A——劳动生产率（$0 \leqslant A \leqslant h$），衡量了一国在一定投资规模下的单位产出，当企业做出投资决策时，它们不知道选择的项目劳动生产率的高低，A 在投资决策后才能够发现，所有投资者知道的是 A 在 $[0, h]$ 满足一致的均匀分布。用 A 来衡量一国的出口技术水平。项目或产品的劳动生产率 A 一旦被发现，产品相关的知识就会被其他企业免费掌握而不需要支付发现成本。

γ——模仿者的劳动生产率/现任的劳动生产率，产品的劳动生产率 A 一旦被发现，产品相关知识就会被其他企业免费掌握而不需要支付发现成本，但模仿者的劳动生产率会低于现任的劳动生产率，这一比率即为 γ。

$h^{\cdot}$——出口企业技术禀赋，集中表现为以产品为核心的创新能力与新技术吸收能力的大小。根据洪世勤（2013）的研究，并不是一成不变的，h 是由一国的内部知识资本（D）（如人力资本、研发人员、研发投入等）、外部知识资本（F）（如贸易、外商直接投资等）以及其他因素（O）（如制度质量、金融发展、基础设施、创新政策等）决定的。我们表示为 $h^{\cdot}$，所以我们一般假定 $h^{\cdot}$ 为 D、F、O 的函数，即 $h^{\cdot} = he^{f}$，其中 $f = f(D, F, O)$。

A^{max}——行业内技术水平最高的产品的劳动生产率，A^{max} 的期望值取决于技术边界 $h^{\cdot}$ 和投资者的数量（m），故其概率为：

$$E(A^{max}) = \frac{hm}{m+1}e^{f} \qquad (3-12)$$

投资者在开发新产品和模仿生产的选择取决于 A_i 与 γA^{max} 的大小比较，如果 $A_i \geqslant \gamma A^{max}$，投资者 i 将坚持开发新产品；若 $A_i < \gamma A^{max}$，投资者 i 将选择模仿。

由于 A 在 $[0, h]$ 上均匀分布，所以投资者坚持创新产品的可能性概率和收益的期望值分别为：

$$P(A_i \geqslant \gamma A^{max}) = 1 - \frac{\gamma E(A^{max})}{h\,e^{f}} = 1 - \frac{\gamma m}{m+1} \qquad (3-13)$$

$$E(A_1 \mid A_i \geqslant \gamma A^{max}) = \frac{1}{2}\left[he^f + \gamma E(A^{max}) \right] = \frac{1}{2}he^f\left[1 + \frac{\gamma m}{m+1} \right] \qquad (3-14)$$

投资者选择模仿生产的概率和收益期望值分别为：

$$P(A_i < \gamma A^{max}) = \frac{\gamma E(A^{max})}{h\,e^f} = \frac{\gamma m}{m+1} \qquad (3-15)$$

$$E(A_2 \mid A_i < \gamma A^{max}) = \gamma E(A^{max}) = he^f\left(\frac{\gamma m}{m+1} \right) \qquad (3-16)$$

因此，技术水平 A 的期望值为：

$$E(A) = \frac{1}{2}he^f\left[1 + \left(\frac{\gamma m}{m+1} \right)^2 \right] \qquad (3-17)$$

对 f 求一阶导数得：

$$\frac{dE(A^{max})}{df} = \frac{1}{2}h\,e^f\left[1 + \left(\frac{\gamma m}{m+} \right)^2 \right] > 0 \qquad (3-18)$$

即本国制造业的生产技术最高水平和 f 成正比，进一步说，由于 $h = f\,(D,\ F,\ O)$，因此，一国的内部知识资本（D）（如人力资本、研发人员、研发投入等），外部知识资本（F）（如贸易、外商直接投资等）以及其他因素（O）（如制度质量、金融发展、基础设施、创新政策等），如果是促进技术禀赋提升的，则对制造业的生产技术最高水平也具有促进作用。

从以上的模型分析中可以看出，促进出口技术结构升级包括以下三条途径：第一，内部知识积累，如研发投入、人力资本积累等；第二，外部知识积累，如贸易、外商直接投资等产生的知识的国际溢出；第三，其他因素（如完善的基础设施、健全的金融发展，有力的创新促进政策等）。Hausmann（2006）还强调了创新者的"成本发现"功能产生的经济外部性，尤其是对信息不对称和不确定性较强的发展中国家而言，创新者的摸索与尝试为市场传递了实现新价值、新知识的途径和方法以及该方法是否可行的信息。因此，一国不断涌现出大量的创新者，不仅为社会提供新知识、新价值，还成为相关知识和价值的溢出者，为一国注入持续发展的动力。体现在模型中表现为越多的企业愿意选择创新而不是模仿，就越能为整个社会注入持续不断发展的动力，是制造业出口技术结构升级的关键。

3.3 制造业出口技术结构升级的途径

3.3.1 技术溢出途径

技术发展不仅是一国制造业的核心竞争力，也是一国制造业出口技术结构升级的重要推动力量。技术发展对制造业整体的升级是具有发散性效果的，不仅会影响特定产业的生产效率，还会通过产业的前向关联和后向关联产生技术溢出并带动制造业出口技术结构的优化。技术溢出效应通常具有正的经济外部性，虽然技术溢出通常是一种非自愿的技术扩散现象，但技术溢出会带来制造业出口技术结构的升级。技术溢出效应会在研发设计、生产、营销、管理等各阶段对技术扩散产生影响。通过技术溢出可以对制造业出口技术结构升级产生促进作用。在全球化背景下，任何一个国家、企业都不可能仅仅依靠自身力量实现创新，因此技术溢出途径是出口技术结构升级的外在推动力。获得技术溢出的途径主要有：

3.3.1.1 示范及竞争效应

当本国与外国的技术存在差距时，外国企业会对本国企业产生示范效应，本国企业通过学习、模仿，在"干中学"当中吸收外国的先进技术和经验，实现本国企业技术的进步与创新。从示范效应角度来看，产生示范效应的主要载体是跨国公司，一方面，外国跨国公司对本国的直接投资不仅带来了资金，同时也带来了跨国公司的先进技术和管理经验，跨国公司不定期的专业培训、跨境交流使本国企业员工的技能水平得到了提升，有利于本国企业生产、管理技术的提升，也有利于一国出口技术结构升级；另一方面，本国跨国公司对外直接投资不仅是本国企业"走出去"的表现，同时也会产生反向技术溢出效应，提高本国企业的技术水平。从竞争效应角度来看，出口企业在面临更大的市场需求的同时也面临更多的竞争，无疑加大了出口企业面临的竞争状态，企业要想在更大范围的竞争中获得有利地位，就需要不断地改进技术、提高管理水平。因此，出口企业所面临的竞争状态有利于整体的技术进步和出口技术结构的升级。

3.3.1.2 产业关联效应

美国经济学家 Albert Hirschman 在他的《经济发展战略》一书中提出了产业关联效应的概念①。产业关联是指一个产业的生产、产值、技术活动等方面的变化能够通过前向关联和后向关联对其他产业或部门产生直接的和间接的影响。其中，前向关联是指一个产业通过削减投入的成本，进而改变供给关系，促进下游产业的进步发展。后向关联是指一个产业的发展通过改变该产业对各种生产要素的需求，进而拉动上游产业的发展。随着制造业产业间、产品间分工的扩大，其前向关联度和后向关联度都很高，尤其是在全球价值链分工体系下，制造业各企业更多地嵌入全球价值链分工的各个环节，其产业关联效应就更明显。产业关联可设计产品研发、加工生产、广告宣传、质量监控、售后服务等各个环节。

3.3.2 人力资本途径

出口技术结构升级是内生技术创新的结果，技术创新的核心在于"知识"的积累。知识就是力量，要实现出口技术结构升级就是要不断创新，我们需要创新的意志、创新的热情、创新的动力、创新的资金、创新的市场，当然最重要的就是需要创新的人才。人力资本具有外部效应和内部效应，外部效应是指人力资本影响所有要素的生产效率，内部效应是指人力资本影响着人力资本本身的生产效应，一方面，人力资本的外部效应使得物质生产部门呈现出边际报酬递增的性质；另一方面，人力资本的内部效应使企业技术具有垄断性，出现垄断特征的创新产品，而创新产品又具有规模报酬递增的性质。参考 Long 等（2001）建立的产品内分工和服务关系的模型和唐海燕等（2009）建立的产品内分工和价值链提升的模型，我们建立一个反映人力资本积累与出口技术结构升级的简单模型，从中更好地解释人力资本积累对出口技术结构升级的作用机理。

假定我国 d 和发达经济体 f，通过产品内分工共同生产最终消费品 A。中国参与产品内分工生产该产品的出口技术结构为 k_1，发达经济体的出口技术结构为 k_2，由于我国位于全球价值链分工的中低端（戴翔等，2017），因此 $k_1 < k_2$。假定一国任意生产过程中的技术水平为 j，j 越大表明该国在这一产品生产商的技术

---

① 艾伯特·赫希曼. 经济发展战略 [M]. 北京：经济科学出版社，1992.

水平越高。为了考虑作为人力资本积累的重要表现的熟练劳动力对出口技术结构的影响，在模型中我们将劳动力区分为熟练劳动力和非熟练劳动力，假设最终产品的生产阶段只需要非熟练劳动力，服务 S 的生产需要投入熟练劳动力和非熟练劳动力。

在通常情况下，出口技术结构越高的产品需要更多的服务要素，且最终产品需要的服务要素的数量还与服务质量有关，服务质量越高，生产同样数量的最终产品需要的服务要素的数量越少。假设每生产一单位的 A 产品需要投入 L_A 单位的非熟练劳动力和 bj 单位的服务 S，那么中国 d 和发达经济体 f 的单位成本分别为：

$$C_d = \int_0^{k_1} (w^L + bjP_s)\,dj = w^L k_1 + (bP_s k_1{}^2)/2 \qquad (3-19)$$

$$C_f = \int_0^{k_2} (w^{L^*} + bjP_S^*)\,dj = w^{L^*} k_2 + (bP_S^* k_2{}^2)/2 \qquad (3-20)$$

其中，w^L、w^{L^*} 表示中国和发达经济体非熟练劳动力的价格，P_s 和 P_S^* 表示中国和发达经济体的服务价格。中国 d 生产 X 单位最终消费品 A 时，对非熟练劳动力和服务的需求分别为：

$$L_A = k_1 X \qquad (3-21)$$

$$S = X\int_0^{k_1} bj\,dj = X\frac{b\,k_1{}^2}{2} \qquad (3-22)$$

假设任意两个国家生产相同技术含量（即 $k_1 = k_2 = k$）的最终产品 A 时，具有相同的单位成本，则：

$$w^L + bP_s k = w^{L^*} + bP_S^* k \qquad (3-23)$$

假设中国生产服务 S 需要熟练劳动力 H 和非熟练劳动力 L_S，令生产函数为柯布—道格拉斯生产函数，则生产函数和成本约束函数分别为：

$$S = \alpha H^\lambda L_S^{1-\lambda}\ (0 < \lambda < 1) \qquad (3-24)$$

$$C_S = Hw^H + L_S w^L \qquad (3-25)$$

其中，α 表示服务部门的生产效率，α 越大表示服务部门的质量越高。服务部门按照利润最大化的原则求解，得：

$$\frac{L_S}{H} = \frac{w^H}{w^L}\frac{1-\lambda}{\lambda} = \theta \qquad (3-26)$$

$$P_S = \frac{w^L \theta^\lambda}{\alpha(1-\lambda)} \qquad (3-27)$$

$$S = \alpha H \theta^{1-\lambda} \qquad (3-28)$$

假设中国只生产唯一的最终产品 A，只在本国销售，劳动力市场出清，产品 A 的价格为 P，则劳动力的收入和消费支出满足：

$$Hw^H + Lw^L = PX \qquad (3-29)$$

$$L = L_A + L_S \qquad (3-30)$$

令 $\lambda = 1/2$，结合前面的公式可得出非熟练劳动力工资和出口技术结构以及熟练劳动力和出口技术结构之间的关系如下：

$$w^L = \frac{P(L-\theta H)}{k(L+\theta H)} \qquad (3-31)$$

$$2\alpha H \theta^{\frac{1}{2}} = bk(L-\theta H) \qquad (3-32)$$

依据式（3-32），出口技术结构 k 对熟练劳动力 H 求偏导得：

$$\frac{\partial k}{\partial H} = \frac{2\alpha \theta^{\frac{1}{2}}}{b} \frac{L}{(L-H)^2} > 0 \qquad (3-33)$$

由式（3-33）可以知道，熟练劳动力的数量和出口技术结构成正比，即人力资本积累直接促进了出口技术结构升级。

3.3.3 规模经济途径

规模经济是指产出的增加比例大于生产要素的增加比例的经济现象，规模经济表现为当增加生产投入时，长期平均总成本是下降的，企业从而实现规模报酬递增。如上节中 Hausmann 模型关于企业创新和模仿的分析，并非所有企业都会选择创新，创新具有外部性，也会有大多数的企业选择模仿，模仿并非坏事，模仿使得市场中参与同行业的企业数目增加，规模增大，模仿企业的不断进入更有利于创新成果的普及和推广，有利于企业降低单位生产成本，更容易产生规模经济效应，实现企业最优规模，进一步提高制造业企业的生产力和竞争力。模仿企业的存在虽然会降低垄断租金，但是模仿企业的出现有利于发挥市场的甄别功能，对现有的创新企业产生替代威胁，会激励创新企业不断提高自身的生产水平并进一步进行下一轮的创新，以维持并提高其市场地位（Luttmer，2007）。

因此，通过实现规模经济途径可以实现制造业出口技术结构升级。随着国际化分工的加深，市场规模不断扩大，这使得规模经济成为可能，另外能够促使制造业形成规模经济的因素，例如基础设施、金融发展等，都可以通过这一途径实现制造业出口技术结构的升级。

3.3.4　成本节约途径

　　成本的节约可以为企业创造更大的利润，在利润最大化的驱动下，企业更愿意进行创新，因此成本节约是制造业出口技术结构升级的途径。对于制造业出口企业而言，成本主要包括生产成本和贸易成本两部分。一方面，制造业在全球价值链分工体系下其专业化程度越来越高，从而形成规模经济，降低生产成本。生产成本直接影响了产品的价格和企业的国际竞争力。另一方面，当制造业产品跨越国界产生国际贸易行为时，贸易成本的节约也成为出口技术结构升级的一个途径。在全球价值链背景下，中间产品的投入数量和种类越来越多，制造业的生产环节和过程也更加地细化和繁多，因此，不仅交易的次数增加，其交易成本也相应地提高，当制造业产品出口时，贸易成本的节约也成为出口技术结构升级的一个途径。Anderson 和 Van Wincoop（2004）在对生产成本和贸易成本比较的基础上给出了贸易成本的定义，Anderson 和 Van Wincoop（2004）认为贸易成本是指商品从生产者到达消费者的过程中所产生的除生产成本以外的所有成本总和，包括时间成本、信息成本、运输成本、契约履行成本、国际支付成本、政策壁垒成本、法律和规制成本以及出口市场的分销成本。这里面运输成本和关税成本是可以度量的，而市场准入成本、政策成本、信息成本等却是很难度量的。综上所述，在可以通过成本节约的途径进而促进制造业出口技术结构升级的前提下，任何可以节约生产成本及贸易成本的行为都是可以促进制造业出口技术结构升级的。

4 我国制造业出口技术结构的现状及比较

在全球化浪潮的推动下，我国逐渐融入了全球化生产网络，制造业逐渐发展壮大，成为了"世界工厂"，然而中国的制造业大而不强。从改革开放开始到现在，我国制造业出口的国内增加值逐渐增加，高技术产品出口比重不断增加，参与全球价值链分工程度逐渐加深，在全球价值链中的分工地位不断提高，出口技术结构不断改善，但制造业出口仍处于全球价值链的中低端。本章梳理了我国制造业自改革开放以来出口技术结构的演进，从不同角度分析了我国制造业出口技术结构的现状，通过比较研究了我国与日本制造业出口技术结构的差异、日本制造业发展的经验及对我国的借鉴。

4.1 我国制造业出口技术结构演进

由于全球价值链的相关指数计算依据了国际投入产出表，鉴于国际投入产出表数据的时间限制①，以下对我国制造业出口技术结构的分析，1995 年之前的部分以不同技术水平的商品出口结构的变化为主来衡量，1995 年之后以基于国内增加值的显示性比较优势和全球价值链参与度来衡量。综合来看，我国制造业出

---

① WIOD 从 1995 年到 2011 年，WIOD2016 从 2000 年到 2014 年。

口技术结构的发展大致经历了以下几个阶段：

4.1.1 初级产品出口向制造业出口转变（1979～1986 年）

这一阶段，我国制造业出口数量增加，出口从以初级产品为主向以制造业为主转变，但出口的大都是劳动密集型产品。

20 世纪 70 年代中后期，随着西方发达国家制造业成本优势的逐渐丧失，"亚洲四小龙"通过主动承接西方发达国家的劳动密集型产业，引进外资和技术，实现了经济发展的奇迹。20 世纪 70 年代末 80 年代初，部分发达国家出现了产能过剩和滞胀，大量闲置资本需要寻找新的投资场所。日本、"亚洲四小龙"面临货币升值的压力需要向外转移劳动密集型产业。恰逢此时，改革高度集中的外贸体制和经济特区的设立给我国承接产业转移、吸引外资、引进技术带来了新的机遇。1979～1981 年，出口额年均增长超过 10%，在这一阶段我国的出口技术结构发生了根本性的转变，1978 年我国出口产品中初级产品占比超过 50%，1980 年初级产品出口和工业制成品出口已平分秋色，制造业出口额超过 90 亿美元，到 1986 年，制造业出口比重超过 60%①。其中制成品出口以纺织品、鞋类、服装、玩具和运动用品为主。

4.1.2 加工贸易快速发展升级（1987～1991 年）

这一阶段，我国出口技术结构虽有所提升，但仍集中于劳动密集型产业。加工贸易在这一阶段快速发展且从简单来料加工向进料加工转变，加工贸易的飞速发展和结构升级也促进了我国出口技术结构的提升。

东欧剧变、苏联解体，国际国内环境较为复杂，对外开放的国内环境也经历了一些波折。即使如此，我国制造业规模仍获得了较大的增长，制造业出口比重增加到 77%。另外，加工贸易在这一阶段高速发展，加工贸易出口比重由 1987 年的 22.3% 上升到 1991 年的 45.1%，同时，加工贸易也从简单的来料加工向更为高级的进料加工转变。制造业出口中轻纺产品、橡胶制品、矿业产品、机械及运输设备增长较快，机械运输设备出口占制造业出口的比重由 1987 年的 6.64%

---

① 数据来源：海关总署。

增长到 1991 年的 12.84%①。这一时期电信器材、家用电器、机械运输设备出口增长较快，但这些产品大多数都是加工装备形式进行的。

4.1.3 高技术产品出口比重增加（1992～2001 年）

这一阶段，制造业出口数量持续增长，加工贸易超过了一般贸易成为主要的出口贸易方式，中等技术产品和高技术产品出口比重上升，机械及运输设备成为最重要的出口产品，制造业出口技术结构显著提升。

"冷战"结束，美国成为唯一的超级大国，区域经济一体化、经济全球化速度加快，1992 年我国明确建立了社会主义市场经济体制，改革开放进入新阶段。1994 年《对外贸易法》实施，全国统一的银行间外汇市场建立，更是为我国对外贸易的发展提供了制度保障。1995 年开始加工贸易出口超过一般贸易成为这一阶段我国主要的出口贸易方式。以计算机和互联网技术为代表的科技成果在世界范围广泛运用，信息化的发展带动了我国制成品出口技术结构显著提升，从图 4-1② 可以看出，低技术产业的国内增加值比率下降，中等技术和高技术产业的国内增加值比率上升。

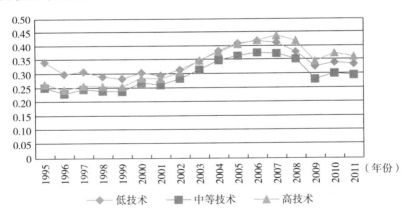

图 4-1　不同技术水平的国内增加值比率

资料来源：根据对外经济贸易大学全球价值链研究院 UIBE GVC index 计算。

---

① 资料来源：《中国统计年鉴 1992 年》。
② 根据 KWW 出口的分解方法，对 WIOD 数据进行分解计算，数据年份为 1995～2011 年。出口国内增加值表示出口中包含的国内增加值，出口国内增加值比率表示行业出口国内增加值和行业 GDP 的比率。

4.1.4 高技术产品出口比重超过低技术产品（2002 年以后）

这一阶段，我国制造业更加深入地参与到全球价值链的分工体系。伴随着制造业出口数量的飞速增长，高技术产品出口比重进一步增加且超过低技术产品出口比重，出口技术结构得到了显著提升，但在全球价值链分工中仍处于中低位置，转型仍将继续。

这一时期，各国更多地参与到全球价值链分工体系。全球信息技术的发展和科技的进步也为我国引进技术实现生产力跨越奠定了基础。2001 年我国加入世界贸易组织标志着我国对外开放进入了新阶段，为我国制造业开辟了更为广阔的国际市场。人口红利、制度红利的比较优势使得我国加入世贸组织之后制造业迅速成长，制造业国内增加值以 20% 以上的比例增加①。如图 4－1 所示，高技术产业的国内增加值比率不断增加，2006 年超过了低技术行业的国内增加值比率。

4.2 我国制造业出口技术结构的现状

从以上关于我国制造业出口贸易结构的演进的分析中可以发现，我国已是出口贸易大国，出口贸易结构逐渐优化，出口技术结构不断提升但仍处于价值链分工的低端。在新常态下，出口技术结构升级就成为推动出口贸易供给侧改革的关键环节。本节将从不同视角分析我国出口技术结构的发展和现状。

4.2.1 基于贸易分类标准的分析

Lall（2000）从技术含量的角度，综合技术活动、学习效应、规模经济和进入壁垒等因素对不同出口产品进行了技术分类，通过考察不同技术水平类别出口产品的构成来表示出口技术结构的演进，通过对比不同国家不同技术水平类别出口商品的构成来反映一国出口技术结构的国际地位。Lall（2000）将国际标准分

---

① 根据 WIOD2016 数据计算。

类（SITC）三位编码 237 种产品分为五大类，分别是：初级产品（PP）、资源型产品（RB）、低技术产品（LT）、中技术产品（MT）和高技术产品（HT）。并在此基础上进行了细分，其中资源型产品又分为加工农产品（RB1）和其他资源型产品（RB2），低技术产品又分为纺织服装鞋类（LT1）和其他低技术产品（LT2），中技术产品又分为汽车（MT1）、加工产品（MT2）和机械（MT3），高技术产品又分为电子电气产品（HT1）和其他高技术产品（HT2）[①]。数据选择 SITC 三位编码的产品出口额，数据来源于 UN Comtrade，并按照 Lall 的不同分类进行归集，具体分类见附录。基于该方法考察一国出口品的技术分布分析计算结果，并可以得出如下结论：

第一，从不同技术水平产品的出口比例来看，由图 4－2 可知，我国低技术产品占比始终较高，1993 年低技术产品出口占比最高达到 50.8%，随后低技术产品出口占比逐渐减少，但始终高于 30%。高技术产品出口比例 1992～2004 年持续快速增长，1992 年高技术产品出口占比仅 9.4%，到 2004 年开始超过了低技术产品出口所占比例，达到 34.6%，之后基本保持稳定。资源型产品和初级产品的出口比例持续下降且在 1998 年以后均维持在 10% 以下，中等技术产品出口比例稳中有升，2004 年后中等技术产品出口比重均维持在 20% 以上。

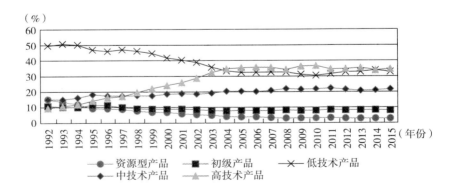

图 4－2　我国不同技术水平产品出口比例

资料来源：笔者计算所得。

---

① HT2 包括航空航天和医疗、精密、光学仪器等。

第二，从不同技术水平产品的显示性比较优势来看，由图4-3中我国不同技术水平产品的显示性比较优势的曲线可以看出，1992年我国低技术产品的显示性比较优势明显高于其他技术类型的产品，随着改革开放的推进和出口贸易的增加，虽然高技术产品的显示性比较优势增加，低技术产品的显示性比较优势逐渐降低，但低技术产品长期以来一直都是我国出口中最具优势的产品。资源型产品自2005年开始已不具有出口优势，这和我国陆续采取的调整资源型产品出口关税、出口配额、出口最低限价等一系列收紧资源型产品出口的措施有关。初级产品的显示性比较优势小且逐渐下降，中技术产品的出口显示性比较优势虽有波动但变化不大。

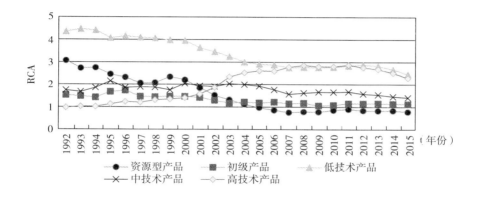

图4-3 我国不同技术水平产品的显示性比较优势

资料来源：根据UNComtrade数据计算所得。

第三，从高技术产品的细分层面来看，如图4-4所示，我国的电子电器产品的出口份额越来越大，2004年占到全部出口的32%，之后基本保持在这个水平；其他高技术产品（航空航天和医疗、精密、光学仪器等）出口份额始终较低，份额基本维持在2%~3%。可见我国高技术产品出口份额虽然不断增加，但其内部增长并不均衡，其他高技术产品的出口额依然较低，我国航空航天、医疗、精密仪器、光学仪器等高技术产品的出口比重小且没有突破。

综上可以看出，我国出口技术结构不断升级，高技术产品的出口份额不断提高，但高技术产品的比较优势依然小于低技术产品的比较优势，中等技术产品的

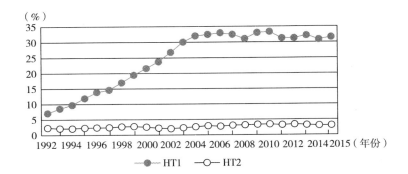

图 4 - 4　我国电子电气产品和其他高技术产品占总出口的比重

的出口比重有所增加，但优势并不明显。采用 Lall（2000）的技术分类方法来分析一国的出口技术结构，可以简单明了地看出一国不同技术水平产品出口的演变及国际地位，但无法反映技术含量本身的动态变迁及全球价值链分工体系下各国参与国际分工方式的差异，为更深入地揭示一国出口技术结构的真正变化，后面部分将从其他角度进一步剖析我国制造业出口技术结构的现状及国际地位。

4.2.2　基于 RCA 的分析

Balassa（1965）首次提出了显示性比较优势（RCA）的概念，该指标衡量了一国出口与世界平均出口水平比较的相对优势水平，反映了一国各部门的比较优势。该指数的基本思路是，一国某部门的比较优势是由该部门的出口占该国总出口的比重与世界该部门的出口占世界全部出口比重的比率来衡量，公式为：

$$RCA_{c,i} = \frac{X_{c,i}}{\sum_i X_{c,i}} \Big/ \frac{\sum_c X_{c,i}}{\sum_c \sum_i X_{c,i}}$$

选取 WIOD2016 中的 43 个国家 19 个制造业行业 2000 ~ 2014 年的数据，利用对外经济贸易大学全球价值链研究院测算的国内增加值进行显示性比较优势的计算。

4.2.2.1　总体分析

我国低技术产品的显示性比较优势大于高技术产品的显示性比较优势。如图 4 - 5 所示，横轴表示出口复杂度由小到大排列，说明距离原点越远出口复杂度越高，纵轴表示显示性比较优势，距离原点越远说明显示性比较优势越大。从图 4-5 中可以看出，我国行业出口复杂度和显示性比较优势成反比，美国行业出口复杂度和显示性比较优势成正比，说明美国越是技术水平高的行业其显示性比较优势越大，我国越是技术水平高的行业其显示性比较优势越小。由此可以看出，我国和发达国家制造业出口技术水平还有较大差距，出口技术结构提升还有较大空间。

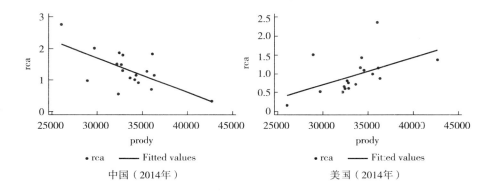

中国（2014年）　　　　　　　　美国（2014年）

图 4-5　中国和美国不同技术行业的显示性比较优势

资料来源：笔者计算所得。

4.2.2.2　行业分析

从我国行业层面的显示性比较优势数据中可以看出我国各产业发展不平衡。我国制造业行业中高技术行业比较优势逐渐提升[①]，但具有较大比较优势的依然是低技术行业，产业发展不均衡影响了我国整体的出口技术水平。根据表 4-1 可知，2014 年我国低技术行业均具有比较优势，纺织、服装及皮革业（c06）和木材加工（家具除外）及木、藤、棕、草制造品业（c07）比较优势非常显著；中技术的 7 个行业有个别行业均不具有比较优势，分别为焦炭及石油业（c10）、医药制品业（c12）和金属制品业（c16）；高技术行业中计算机、电子及光学设

---

① 显示性比较优势大于1，则认为一国在该行业具有比较优势，显示性比较优势指数越大说明一国在该行业的比较优势越大。

备制造业（c17）和电器设备制造业（c18）的比较优势得到了显著提高且具有明显的比较优势，小汽车、拖车、半挂车制造业（c20）和其他运输设备制造业（c21）不具有比较优势。从显示性比较优势的变化来看，我国具有比较优势的行业越来越多，其中低技术行业的比较优势虽有些下降，但平均比较优势提高，其中造纸及制品业（c08）的显示性比较优势 2000 年、2005 年、2014 年分别为0.86、0.94、1.01；中技术行业的显示性比较优势变化不大，甚至有些显著下降，炼焦及石油业（c10）的显示性比较优势下降明显；高技术行业的显示性比较优势普遍提升。

表 4 - 1　不同行业的显示性比较优势

行业	2000 年	2005 年	2014 年
c05	1.15	1.11	1.07
c06	3.46	3.32	2.76
c07	1.42	1.66	2.02
c08	0.86	0.94	1.01
c09	1.43	1.06	1.28
c10	1.19	1.00	0.98
c11	1.18	1.30	1.15
c12	0.34	0.30	0.32
c13	1.56	1.49	1.30
c14	1.80	1.47	1.87
c15	1.37	1.84	1.51
c16	0.72	0.83	0.91
c17	1.06	1.79	1.84
c18	1.39	1.60	1.80
c19	0.83	1.00	1.15
c20	0.25	0.30	0.55
c21	0.39	0.55	0.69
c22	2.27	1.99	1.49

　　注：基于 WIOD2016 中的 43 个国家计算，产业划分按照 WIOD2016 的标准。其中 c05、c06、c07、c08、c09 属于低技术行业，c10、c12、c13、c14、c15、c16、c22 属于中等技术行业，c11、c17、c18、c19、c20、c21 属于高技术行业。由于 c23 机器设备的回收加工缺乏数据，我们不考虑。

综上可以看出，近年来，我国面临劳动力成本增加的制约，越南、印度等国家的低成本的竞争，同时还面临着发达国家再制造业化的压力，但是中国制造业顶住了压力，制造业竞争力进一步增强。我国高技术行业的比较优势不断提升，成为促进我国出口技术结构升级的主要原因，低技术行业在面临劳动力成本增加的制约下比较优势也有提高，说明我国低技术行业正在发生由量到质的变化。

在低技术行业中，虽然来自印度、越南等东南亚国家低成本的竞争不断加剧，但我国依然抵御了冲击。以服装出口为例，我国仍然是全球服装出口大国，2012 年我国服装出口 1138 亿美元，占全球服装总出口的 40.4%；2016 年服装出口 1019 亿美元，出口额虽有下降，但占全球服装总出口比重依然保持在 40% 以上。同期，印度的服装出口总额从 2012 年的 81 亿美元增长到 2016 年的 112 亿美元，越南的服装出口总额从 2012 年的 80 亿美元增长到 2015 年的 120 亿美元，印度尼西亚保持在 44 亿美元，虽然印度和越南增速较快，但距离中国的服装出口规模的差距还很大。在高端装备制造业，我国不仅在航空航天、大飞机 C919、复兴号高铁、数控机床、新能源汽车等领域取得了一系列突破，还在高附加值行业的国际份额上不断提升。比如，2012 年中国机床出口总额为 27 亿美元，占全球市场份额的 5.0%；2016 年中国机床出口总额为 30 亿美元，占全球市场份额较 2012 年的 5.0% 提高了 2.3 个百分点。

4.2.3　基于出口复杂度的分析

出口复杂度这类指标最早由 Michaely（1984）提出，Michaely（1984）采用出口数据代替 R&D 投入数据提出了贸易专业化指标（Trade Specialization Indicator），以各国出口产品的世界市场份额为权重，对人均收入加权求和的方式计算出口复杂度，用以表示产品的技术含量。该指标忽略了贸易小国出口占世界市场份额小所带来的偏差。关志雄（2002）采用出口产品附加值换算成指数的方式，计算了亚洲国家出口结构高度化指标。Hausmann 等（2005，2007）提出了复杂度（Degree of Sophistication）[①] 的概念来测度产品的技术含量，在界定出口产品

---

① Hausmann R, Hwang J, Rodrik D. What you Export Matters [J]. Journal of Economic Growth, 2007, 12（1）：1-25.

品质和技术水平领域做出了卓越的贡献。Hausmann（2007）的出口复杂度指数以人均收入为基础，以一国某产品出口占全部出口比与所有国家某产品出口占全部出口比的比重为权数，用以衡量一国的出口技术水平。樊纲、关志雄、姚枝仲（2006）也使用了类似方法。[①]

针对 Hausmann 出口复杂度指标的批评主要有以下三个方面：第一，权重的选择不够合理（杜修力，2007），杜修力（2007）认为一国的权重不应该是以出口为标准而应该重点考虑生产环节；第二，没有考虑到不同国家出口产品的质量差异（Rodrik，2006），即使是同一类产品也存在产品质量的巨大差异；第三，在全球价值链分工体系下，该指标不能真实地反映出一国的出口技术水平（Ferrantino et al.，2007），应该提出出口中由国外创造的价值部分。（Ferrantino et al.，2007）用（加工出口－加工进口）/加工出口来计算国内增值率，姚洋等（2008）应用产品的国内技术含量对全球价值链分工体系下造成的测量误差进行了修正，陈晓华等（2011）以"1－加工贸易进口比重"为权数，将出口贸易中的国外产品部分剔除，其中加工贸易进口比重为（进料加工进口＋来料加工进口）/该产业出口。丁小义（2013）运用 OECD 的投入—产出数据库数据计算了完全的国内增加值，并在此基础上测算了中国的出口复杂度。Koopman 等（2010）在加工贸易盛行条件下，通过对一国出口产品的分割，利用国家间投入产出模型计算贸易增加值。在全球价值链分工体系下，由于产品生产的各环节各工序分布在不同国家的不同地区，中间产品贸易大大增加，因此基于国内增加值的衡量更能够说明一国在价值链的地位。本章分析中出口技术结构采用以国内增加值为基础的出口复杂度来衡量。

出口复杂度作为衡量出口技术结构水平，一般认为出口复杂度越高，该国的出口技术水平越高。出口复杂度的测算各有特点，在垂直专业化分工下，贸易增加值的方法更能够真实地反映一国的出口技术水平，因此本书测算出口复杂度借鉴丁小义（2013）的方法，运用 WIOD2016 数据，在对外经济贸易大学全球价值链研究院测算的 43 个国家 2005～2014 年国内增加值的基础上，重新测算了国家层面的出口复杂度。相较于以出口额为基础计算的出口复杂度，基于国内增加值

的测算更能够反映全球价值链分工体系下一国真正的分工地位。计算出口复杂度分两步：第一步计算各产品（产业）的出口复杂度，$PRODY_i = \sum_c \dfrac{X_{c,i}}{\sum_i X_{c,i}} \Big/$

$\dfrac{\sum_c X_{c,i}}{\sum_c \sum_i X_{c,i}} Y_c$，其中 $X_{c,i}$ 表示 c 国 i 产品（产业）出口的国内增加值，Y_c 表示人均可支配收入；第二步计算国家出口复杂度，$EXPY_c = \sum_i \left(\dfrac{X_{c,i}}{\sum_i X_{c,i}} \right) PRODY_i$。

4.2.3.1 国家层面

第一，我国出口复杂度不断提升，与发达国家的差距不断缩小。由图 4-6 可以看出，受 2008 年金融危机的影响，2009 年我国出口复杂度下降，除此之外自 2000 年开始我国制造业出口复杂度不断提升。我国出口复杂度不断提升的同时和发达国家相比还有相当大的差距。由图 4-7 可知，我国和日本、美国出口复杂度的比较可以看出，一方面我国的出口复杂度均低于日本和美国，另一方面从对数趋势来看，我国和美国的差距有扩大的趋势，我国和日本的差距则越来越小。

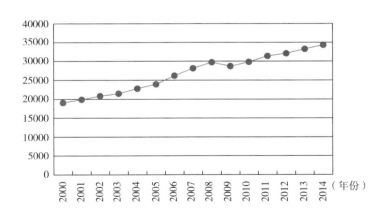

图 4-6 我国出口复杂度的变化

资料来源：笔者计算所得。

第二，出口复杂度排名。从表 4-2 的出口复杂度排名中可以看出基于出口国内增加值测算的 42 个国家的出口复杂度排名，2005 年我国排名 34，2010 年排

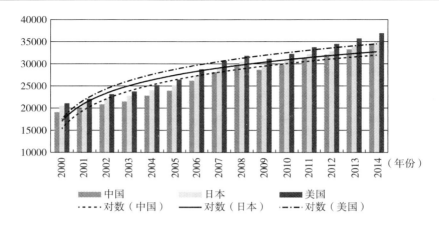

图 4 - 7   中国、日本、美国的出口复杂度比较

名 36，2014 年排名 35，排名变化不大，说明我国的出口技术结构提升了，但在国际排名上没有明显提升；相比基于毛出口计算的出口复杂度排名，基于出口国内增加值的同期排名明显靠后，这说明基于毛出口的计算高估了我国制造业出口技术水平，与杜修立和王维国（2007）① 测算结果一致，我们可以认为用国内增加值的方法更能够准确反映我国出口技术结构的状况。

表 4 - 2   基于不同方法的我国出口复杂度排名

年份	2005	2010	2014
基于毛出口	24	26	23
基于出口国内增加值	34	36	35

注：基于 WIOD2016 中的 42 个国家进行比较。

4.2.3.2   省级层面

对比国民经济行业分类（2011）和国民经济行业分类（2002），制造业都分为 31 类，其中在 2002 中的橡胶制品业和塑料制品业在 2011 年中合并为橡胶和

---

① 杜修立，王维国. 中国出口贸易的技术结构及其变迁：1980～2003 ［J］. 经济研究, 2007 （7）: 137－151.

塑料制品业，2002 中的交通运输设备制造业在 2011 年中被分为汽车制造业和铁路、传播、航空航天和其他运输设备制造业，还有一些小的差异，为了数据分析的方便，我们采用橡胶和塑料制品业和交通运输设备制造业这种方法来进行以下的计算分析。计算各省的出口复杂度时仍然采用下述公式进行：

第一步计算各产品（产业）的出口复杂度：

$$PRODY_i = \sum_c \frac{X_{c,i}}{\sum_i X_{c,i}} \bigg/ \frac{\sum_c X_{c,i}}{\sum_c \sum_i X_{c,i}} Y_c$$

其中，$X_{c,i}$ 表示 c 省 i 产品（产业）出口的出口额，Y_c 表示人均可支配收入。

第二步计算各省的出口复杂度：

$$EXPY_c = \sum_i \left(\frac{X_{c,i}}{\sum_i X_{c,i}} \right) PRODY_i$$

第一，我国出口技术水平各省份差异较大。通过各省制造业出口复杂度的计算，由图 4 - 8 2016 年我国各省份制造业出口复杂度与均值的差额可以看出，我国

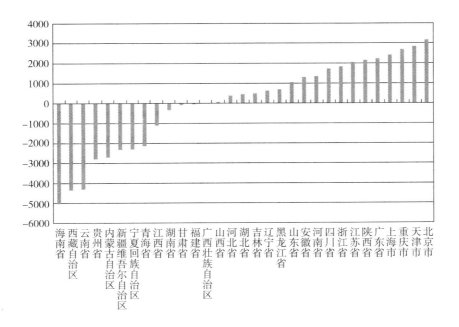

图 4 - 8 2016 年我国各省份出口复杂度与均值的差额

资料来源：笔者计算所得。

各省出口复杂度的差别较大，北京、天津、重庆、上海、广东、山西、江苏、浙江、四川、河南位于前十位；海南、西藏、云南、贵州、内蒙古、新疆、宁夏、青海、江西、湖南、甘肃的制造业出口复杂度低于平均水平。出口复杂度最高的是首都北京，其次是直辖市、东部沿海省份、中部省份，出口复杂度最低的是海南省，其次是西部地区。这一结果与我国地域经济发展的差异相吻合。

第二，比较优势集中在低技术水平的行业上。从 2016 年我国 31 个省份 28 个行业的显示性比较优势的计算结果可以看出，868 个数据中显示我国各省份具有行业显示性比较优势的一共有 306 个①，且比较优势比较靠前的主要有烟草制品业，酒、饮料和精制茶制造业，木材加工业，食品制造业，有色金属冶炼和压延加工业，黑色金属冶炼和压延加工业，纺织服装、服饰业，其中显示性比较优势系数最大的为云南省的烟草制品业，高达 119.46，这与云南作为我国烟草大省的经济结构有关。从表 4-3 列举的 2016 年我国部分省份具有比较优势的行业列表中可以看出，北京、广东、浙江等经济较发达省份中具有比较优势的行业较多，中西部省份具有比较优势的行业较少；东部省份高技术产品占有比较优势的较多，例如医药制造业、仪器仪表制造业、交通运输设备制造业、电子设备制造业等，中部省份具有比较优势的高技术产品有交通运输设备制造业、电子设备制造业等，西部省份具有比较优势的高技术产品主要有仪器仪表制造业、电子设备制造业等。

表 4-3　2016 年部分省份具有比较优势产业

省份	具有比较优势的产业（以大小顺序）
北京	石油、炼焦及核燃料加工业，仪器仪表制造业，交通运输设备制造业，通用设备制造业，专用设备制造业，医药制造业，印刷和记录媒介的复制，食品制造业，计算机、通信和其他电子设备制造业
广东	印刷和记录媒介的复制，文教、工美、体育和娱乐用品制造业，电气机械和器材制造业，家具制造业，非金属矿物制品业，计算机、通信和其他电子设备制造业，皮革、毛皮、羽毛及其制品和制鞋业，造纸和纸制品业，仪器仪表制造业

① 显示性比较优势大于 1 说明具有显示性比较优势，小于 1 则无。

省份	具有比较优势的产业（以大小顺序）
浙江	纺织业，其他制造业，通用设备制造业，金属制品业，家具制造业，橡胶和塑料制品业，印刷和记录媒介的复制，皮革、毛皮、羽毛及其制品和制鞋业，造纸和纸制品业，医药制造业，纺织服装、服饰业，文教、工美、体育和娱乐用品制造业，电气机械和器材制造业，化学纤维制造业，木材加工和木、竹、藤、棕、草制品业，仪器仪表制造业
河南	其他制造业，有色金属冶炼和压延加工业，计算机、通信和其他电子设备制造业，烟草制品业，食品制造业，化学原料和化学制品制造业
湖南	烟草制品业，有色金属冶炼和压延加工业，其他制造业，化学原料和化学制品制造业，酒、饮料和精制茶制造业，皮革、毛皮、羽毛及其制品和制鞋业，农副食品加工业，交通运输设备制造业，黑色金属冶炼和压延加工业，非金属矿物制品业
云南	烟草制品业，酒、饮料和精制茶制造业，化学原料和化学制品制造业，有色金属冶炼和压延加工业，食品制造业，仪器仪表制造业，农副食品加工业
贵州	烟草制品业，酒、饮料和精制茶制造业，化学原料和化学制品制造业，橡胶和塑料制品业，计算机、通信和其他电子设备制造业

资料来源：笔者根据计算结果总结。

4.2.4 基于全球价值链的分析

Koopman 等（2010）在对出口产品"增加值"分解的基础上构建了全球价值链参与度指数，其中前向参与度指数（GVC_ Pat_ f）表示一国作为他国中间产品的提供者其间接增加值出口与总出口的比例，后向参与度指数（GVC_ Pat_ b）表示一国作为其他国家中间产品的接收者国外增加值出口占总出口的比重，两者之和表示全球价值链参与度，值越大说明一国参与全球价值链的程度越深。Koopman 等（2010）同时还提出了全球价值链地位指数（Gvc_ position），其计算公式如下：

$$Gvc\_ position = \ln(1 + pat_f) - \ln(1 + pat_b)$$

其中，pat_f表示前向参与度，pat_b表示后向参与度。该指数是一国某产业前向参与度与后向参与度的比较，即间接国内增加值与国外附加值出口的比较。若一国参与全球价值链分工时某产业的前向参与度大于后向参与度，即其国内间接增加值要高于国外增加值，意味着该国该产业为其他国家提供了更多的中间产品而较少地利用国外的中间产品，说明该国该产业处于全球价值链的上游环节，同理，当一国某产业前向参与度小于后向参与度时，意味着该国较多地进口了中间产品，减少了为其他国家提供中间产品，说明该国该产业处于全球价值链的下游。

4.2.4.1 国家层面

从图 4 - 9 可以看出，我国全球价值链参与度逐年增加，2008 年前后受金融危机影响有波动；后向参与度始终高于前向参与度，后向参与度和前向参与度的差额有减小，特别是近些年两者已非常接近，说明我国出口到他国的中间产品逐渐增加，与我国进口他国中间产品的差额逐渐缩小，我国的出口技术结构明显改善；从全球价值链的地位指数（Gvc_ position）再次印证，我国的全球价值链分工地位在近些年提升较为明显，但全球价值链地位指数小于 0，说明我国的前向参与度小于后向参与度，即我国在参与全球价值链分工中向他国提供的原材料和中间产品要比接受他国提供的原材料和中间产品少，我国仍然处于全球价值链分工中的中低位置。

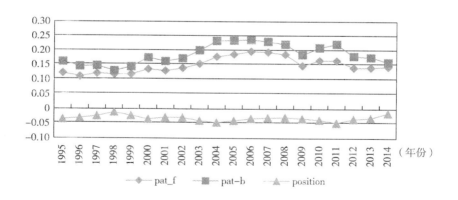

图 4 - 9 制造业全球价值链参与度和地位的变化

注：GVC_ Pat 表示全球价值链参与度，GVC_ Pat_ f 表示前向参与度，GVC_ Pat_ b 表示后向参与度，前向参与度与后向参与度之和等于全球价值链的参与度。

资料来源：RIGVC UIBE, 2016, UIBE GVC index。

4.2.4.2 行业层面

表 4 - 4 显示了我国部分年份制造业各行业的全球价值链地位指数，从中可

表 4-4　我国全球价值链地位指数

行业＼年份	2000	2005	2010	2014
c05	-0.04	-0.05	-0.04	-0.03
c06	-0.07	-0.04	-0.01	0.02
c07	-0.03	0.00	-0.01	0.00
c08	-0.01	-0.02	-0.01	0.02
c09	0.00	-0.02	-0.01	0.00
c10	0.01	-0.04	-0.08	-0.07
c11	-0.01	0.00	0.00	0.02
c12	-0.06	-0.06	-0.03	-0.03
c13	0.00	0.01	0.01	0.04
c14	-0.05	-0.06	-0.07	-0.05
c15	0.01	0.00	-0.05	-0.04
c16	-0.01	0.05	0.01	0.01
c17	-0.09	-0.10	-0.04	-0.01
c18	-0.03	-0.03	-0.04	0.00
c19	-0.07	-0.08	-0.06	-0.03
c20	-0.07	-0.08	-0.08	-0.06
c21	-0.08	-0.09	-0.13	-0.09
c22	-0.04	-0.02	0.00	0.04

注：基于 WIOD2016 中的 43 个国家计算，产业划分按照 WIOD2016 的标准。其中 c05、c06、c07、c08、c09 属于低技术行业，c10、c12、c13、c14、c15、c16、c22 属于中等技术行业，c11、c17、c18、c19、c20、c21 属于高技术行业。由于 c23 机器设备的回收加工缺乏数据，我们不考虑。行业代码对照表见附录。

以看出，我国制造业各行业的全球价值链地位参差不齐，因此分行业进一步研究全球价值链的地位非常重要。在低技术行业中，全球价值链地位指数都有不同程度上升，除食品、饮料及烟草业地位指数为负以外，食品、饮料及烟草业，纺织服装及皮革业，木材加工（家具除外）及木、藤、棕、草制品业，造纸及制品业，印刷及出版业地位指数都由负转正，其中纺织服装及皮革业，造纸及制品业的全球价值链地位指数上升幅度最大，印刷及出版业的变化不大，意味着低技术行业在全球价值链分工中的地位不断上升，但低技术行业仍处于全球价值链的中下游。在中技术行业中，炼焦及石油业，基本金属制品业地位有所下降外，炼焦及石油业的地位下降说明我国较多地使用了国外的增加值，这与我国石油依存度居高不下有密切关系；其他中技术行业的全球价值链地位指数均有不同程度的上升，其中以医药制品业，橡胶及塑料制品业，家具制品及其他制造业的地位指数提升最为显著，其中家具制造及其他制造业的全球价值链地位指数由负转正，其他非金属矿物制品业地位指数变化不大。总体来看，中技术行业仍然处于全球价值链分工地位的中低端，2014 年除橡胶及塑料制品业，金属制成品的全球价值链地位指数为正以外，其他均为负。在高技术行业中，除化工产品制造业的全球价值链地位指数为正以外，其他高技术行业的全球价值链地位指数全部为负，说明我国高技术行业处于全球价值链分工的低端；从变化趋势来看，计算机、电子及光学设备制造业，电器设备制造业，机械设备制造业的全球价值链地位有所上升，其中计算机、电子及光学设备制造业上升幅度最大，化工产品制造业，电器设备制造业的地位指数由负转正，小汽车、拖车、半挂车制造业，其他运输设备制造业的全球价值链地位变化不大。这意味着我国高技术行业在全球价值链地位提升过程中遇到了瓶颈，高技术行业也是吸引外资最多的行业，FDI 对高技术行业的溢出效应对于高技术制造业的出口技术结构的提升作用已不明显，因此，自主创新才是高技术行业未来实现出口技术结构升级和可持续发展的必然之路。

表 4-5 显示了 2014 年我国与部分国家全球价值链地位指数以及我国在 44[①] 个国家中全球价值链地位指数的排名。可以看出我国制造业各行业与美国、日本、德国、澳大利亚的差距也是参差不齐的，这种差距的差异性在不同技术行业中均有体现。在低技术行业中，我国低技术行业的地位指数均高于美国，其中我国食品、饮料及烟草业的地位指数低于日本和澳大利亚，但排名第 4 且比较靠前，纺织服装及皮革业低于日本、德国和澳大利亚，排名第 13，木材加工（家具除外）及木、藤、棕、草制造品业低于德国和澳大利亚，排名第 33，造纸及制品业低于德国，排名第 32，印刷及出版业排名第 16，但均低于列举的国家。这说明除食品、饮料及烟草业，纺织服装及皮革业外，我国低技术行业全球价值链地位仍然与发达国家还有一定的差距。在中技术行业中，除家具制品及其他制

造业的排名第 2 靠前以外，其他中技术行业都在样本国排名的中后位。高技术行业中，计算机、电子及光学设备制造业，小汽车、拖车、半挂车制造业排名分别为 24、22，相对其他高技术行业排名靠前，但也都低于美国、日本、德国。综合表 4 - 4 来看，我国计算机、电子及光学设备制造业的地位虽有显著上升，但全球价值链地位指数一直为负值，意味着真正的质变还没有形成，在与对标国的对比中，也处于较低的位置。电器设备制造业，机械设备制造业，小汽车、拖车、半挂车制造业都处于全球价值链的低端，主要是因为缺乏核心技术导致的，例如汽车行业中的发动机的设计被德国 FEV、英国 Ricardo 垄断，虽然也涌现出不少的国产品牌，但核心技术却一直为国外厂商垄断。综合来看，我国制造业仍处于全球价值链的中低端，无论是低技术行业、中技术行业、高技术行业都没有占据全球价值链的高端。

表 4 - 5   2014 年我国和部分国家的全球价值链地位指数

行业	中国（排名）	美国	日本	德国	澳大利亚
c05	- 0.03 （4）	- 0.07	- 0.10	- 0.13	- 0.02
c06	0.02 （13）	- 0.03	0.05	0.05	0.12
c07	0.00 （33）	- 0.03	- 0.10	0.07	0.08
c08	0.02 （32）	0.02	0.00	0.19	0.01
c09	0.00 （16）	- 0.02	0.01	0.02	- 0.02
c10	- 0.07 （22）	- 0.09	- 0.26	- 0.24	- 0.06
c11	0.02 （38）	0.08	0.07	0.23	0.06
c12	- 0.03 （18）	0.04	- 0.07	0.15	- 0.09
c13	0.04 （35）	- 0.02	0.10	0.16	- 0.08
c14	- 0.05 （37）	0.00	0.00	0.11	- 0.07
c15	- 0.04 （43）	0.03	0.00	0.15	0.25
c16	0.01 （29）	0.00	0.02	0.13	0.00
c17	- 0.01 （24）	0.09	0.15	0.17	- 0.03
c18	0.00 （37）	0.04	0.05	0.17	- 0.09
c19	- 0.03 （31）	- 0.02	0.00	0.04	0.00
c20	- 0.06 （22）	- 0.12	- 0.01	- 0.06	- 0.22
c21	- 0.09 （28）	0.00	- 0.07	- 0.07	- 0.09
c22	0.04 （2）	- 0.06	- 0.06	- 0.02	- 0.09

注：基于 WIOD2016 中的 43 个国家和其他国家一共 44 个样本计算，产业划分按照 WIOD2016 的标准。

从整体来看，我国制造业出口仍然处于全球价值链的中低端，产品附加值较低。我国制造业在国际分工中主要位于加工装配环节，附加值低是制造业出口技术结构升级中亟待解决的问题。就目前来看，尽管我国制造业出口额在全球制造业出口中的比重超过了美国，但是在技术上仍然受到发达国家的挤压和制约，制造业的国际竞争力仍然处于相对较弱的地位。主要体现在以下两个方面：一是各类专用设备的关键技术和核心部件主要依赖进口；二是出口加工贸易仍然是出口的重要方式。造成我国制造业出口处于价值链中低端的主要原因，一是自主创新能力较为薄弱；二是产业集中程度低，没有国际知名的龙头企业；三是生产工艺与现代化生产脱节，现代制造业越来越体现生产工艺和生产设备的融合，高效的生产工艺和生产设备往往在短时间内可以提高企业的生产效率和在产品分工中的地位；四是制造业中的低技术产品出口比重较大，如前面章节的分析数据显示，我国制造业出口中的低技术产品出口占比虽有下降，但仍然占制造业出口的30%以上。

4.3 中日制造业出口技术结构的比较

战后日本通过原料工业和重化工业，其经济快速恢复并赶超，且加工贸易占其制造业出口的相当比重，20 世纪 80 年代，日本通过技术密集型产业发展和产业结构调整，在半导体、工业机器人与集成电路等高端领域实现了突破（李毅，2005）。即使经历"衰退的十年"，日本制造业增加值也维持在 19% 以上[①]，制造业仍然是战后日本经济恢复与发展的根本动力，日本制造业在汤森路透评选出的《2015 全球创新企业百强》榜单中，日本以 40 家高居榜首，可以说日本是世界先进制造业的代表。对比分析中日制造业出口技术结构，一方面，虽然我国制造业出口技术结构不断升级，但与世界先进制造业代表的日本制造业出口技术结构还有不小的差距；另一方面，日本战后到 20 世纪 80 年代与我国 1992 年至今的

---

① 李毅.制造业在日本经济复苏中的角色探讨［J］.日本学刊，2015（3）：61－81.

制造业发展状况非常相似（彭华，2013），通过挖掘日本战后制造业如何发挥后发优势实现制造业的赶超，为我国制造业出口技术结构升级提供借鉴。

4.3.1 中日制造业出口技术结构的比较

根据 OECD 的标准，将制造业产品分为高技术产品、中技术产品、低技术产品，基于国内增加值计算中国和日本不同技术水平产品的显示性比较优势指标，比较结果如表 4-6 所示，日本高技术产品的比较优势始终明显大于我国高技术产品的比较优势，且差距没有缩小的趋势。我国高技术产品的显示性比较优势虽然大于 1，但优势并不明显，2000 年我国高技术产品显示性比较优势为 1.046，日本为 1.872；2005 年我国高技术产品显示性比较优势为 1.435，日本为 2.073；2010 年我国高技术产品显示性比较优势为 1.506，日本为 2.059；2014 年我国显示性比较优势为 1.455，日本为 2.253。与之相比，低技术产品上我国的显示性比较优势比较明显，均在 2 以上，且明显高于日本低技术产品的比较优势，可以说日本在低技术产品上不具有比较优势。我国中技术产品的比较优势 2000 年为 1.56，高于日本的 1.44，2005 年、2010 年、2014 年日本中技术产品的比较优势大于我国中技术产品的比较优势。综合来看，我国具有比较大的比较优势的领域主要是低技术产品，在中技术产品领域和日本相比略有差距，而高技术产品比较优势明显低于日本。

表 4-6 中日不同技术水平产品的显示性比较优势（基于国内增加值）

年份	技术水平	中国	日本
2000	低技术产品	2.710842	0.706448
	中技术产品	1.55806	1.443127
	高技术产品	1.045611	1.871799
2005	低技术产品	2.522872	0.845128
	中技术产品	1.554713	1.626357
	高技术产品	1.435466	2.073265
2010	低技术产品	2.369454	0.964796
	中技术产品	1.38883	1.589565
	高技术产品	1.505923	2.059346

续表

年份	技术水平	中国	日本
2014	低技术产品	2.126899	1.011885
	中技术产品	1.333933	1.868819
	高技术产品	1.455239	2.253317

注: 对外经济贸易大学全球价值链研究中心根据 WIOD2016 计算的显示性比较优势。技术水平分类按 OECD 标准划分。

具体到各个行业的显示性比较优势,如表 4 - 7 所示,第一,我国高技术行业比较优势逐渐增加,但与日本同时期的显示性比较优势指数对比来看,高技术产业中除化工产品制造业 (c11) 外,日本均高于我国。2014 年数据显示,高技术行业中我国计算机、电子及光学设备制造业 (c17) 和电气设备制造业 (c18) 比较优势得到了显著提升且具有明显的比较优势,小汽车、拖车、半挂车制造业 (c20) 和其他运输设备制造业 (c21) 不具有比较优势。第二,我国低技术行业比较优势普遍高于日本,食品、饮料及烟草业 (c05),纺织服装及皮革业 (c06),木材加工 (家具除外) 及木、藤、棕、草制造品业 (c07) 我国的比较优势明显高于日本,印刷及出版业 (c09) 日本的比较优势更高。第三,中等技术产品中,2014 年数据显示,除医药制品业 (c12) 中日都不具有优势的行业外,日本的显示性比较优势高于中国的有 4 个行业,分别为炼焦及石油业 (c10)、橡胶及塑料制品业 (c13)、其他非金属矿物制品业 (c15)、金属制品业 (机械设备除外) (c16),我国高于日本的有 2 个行业,分别为其他非金属矿物制品业 (c14)、家具制品及其他制造业 (c22)。

表 4 - 7　基于出口附加值的中国、日本制造业行业显示性比较优势

行业	2000 年		2005 年		2014 年	
	中国	日本	中国	日本	中国	日本
c05	1.15	0.34	1.11	0.34	1.07	0.39
c06	3.46	0.27	3.32	0.27	2.76	0.33
c07	1.42	0.25	1.66	0.22	2.02	0.22
c08	0.86	0.74	0.94	0.86	1.01	1.22
c09	1.43	1.50	1.06	1.81	1.28	2.39

续表

行业	2000 年		2005 年		2014 年	
	中国	日本	中国	日本	中国	日本
c10	1.19	1.18	1.00	1.13	0.98	1.63
c11	1.18	1.05	1.30	1.00	1.15	0.84
c12	0.34	0.23	0.30	0.19	0.32	0.31
c13	1.56	1.48	1.49	1.72	1.30	2.04
c14	1.80	1.14	1.47	1.31	1.87	1.58
c15	1.37	1.81	1.84	2.05	1.51	2.35
c16	0.72	1.41	0.83	1.50	0.91	1.63
c17	1.06	1.84	1.79	1.84	1.84	2.05
c18	1.39	2.34	1.60	2.30	1.80	1.80
c19	0.83	1.48	1.00	1.43	1.15	1.55
c20	0.25	2.39	0.30	3.01	0.55	3.47
c21	0.39	0.75	0.55	1.03	0.69	1.50
c22	2.27	0.49	1.99	0.46	1.49	0.47

注：对外经济贸易大学全球价值链研究中心根据 WIOD2016 计算出显示性比较优势。产业划分按照 WIOD2016 的标准。其中 c05、c06、c07、c08、c09 属于低技术行业，c10、c12、c13、c14、c15、c16、c22 属于中等技术行业，c11、c17、c18、c19、c20、c21 属于高技术行业。由于 c23 机器设备的回收加工缺乏数据，我们不考虑。

Lall（2000）对制造业技术水平的划分，将高技术产品又进一步细分为电子电气产品和其他高技术产品（包括航空航天和医疗、精密、光学仪器等）。从高技术产品的出口比例来看，我国高技术产品的出口比例从 1992 年的 9% 上升到 2015 年的 34.6%，日本从 2001 年后高技术产品的出口比例有所下降，2003 年我国高技术产品出口开始超过日本。根据 Lall（2000）对高技术产品进一步细分，由表 4-8 可以发现，我国高技术产品总体出口比例高于日本，电子机电产品的出口比例也高于日本，但是其他高技术产品出口比例明显低于日本。其他高技术产品包括放射性材料（524）、医药产品（541）、蒸汽发动机、涡轮机（712）、航空设备（792）、光纤设备（871）、测量设备（874）、摄影装置设备（881）。

表4-8 中日高技术产品出口比例

年份	中国 HT1	中国 HT2	HT1 和 HT2	日本 HT1	日本 HT2	HT1 和 HT2
1992	0.0705	0.0235	0.0940	0.2622	0.0329	0.2951
1993	0.0856	0.0212	0.1068	0.2730	0.0332	0.3062
1994	0.0970	0.0208	0.1178	0.2862	0.0358	0.3220
1995	0.1190	0.0229	0.1419	0.2980	0.0388	0.3368
1996	0.1384	0.0237	0.1621	0.2884	0.0430	0.3314
1997	0.1460	0.0241	0.1700	0.2872	0.0434	0.3306
1998	0.1695	0.0268	0.1963	0.2756	0.0437	0.3193
1999	0.1944	0.0275	0.2219	0.2769	0.0459	0.3229
2000	0.2163	0.0255	0.2418	0.2890	0.0514	0.3405
2001	0.2376	0.0222	0.2598	0.2623	0.0504	0.3128
2002	0.2679	0.0204	0.2883	0.2447	0.0448	0.2895
2003	0.3006	0.0231	0.3237	0.2383	0.0473	0.2856
2004	0.3201	0.0260	0.3462	0.2287	0.0521	0.2808
2005	0.3244	0.0294	0.3537	0.2139	0.0492	0.2631
2006	0.3294	0.0275	0.3569	0.2063	0.0461	0.2524
2007	0.3244	0.0307	0.3551	0.1940	0.0386	0.2326
2008	0.3106	0.0315	0.3421	0.1801	0.0367	0.2167
2009	0.3301	0.0332	0.3633	0.1925	0.0430	0.2354
2010	0.3329	0.0339	0.3668	0.1752	0.0459	0.2211
2011	0.3126	0.0321	0.3446	0.1621	0.0516	0.2137
2012	0.3129	0.0337	0.3467	0.1582	0.0525	0.2107
2013	0.3213	0.0319	0.3532	0.1566	0.0526	0.2091
2014	0.3084	0.0301	0.3385	0.1576	0.0575	0.2151
2015	0.3155	0.0305	0.3460	0.1627	0.0571	0.2198

资料来源：根据 UNComtrade 数据计算所得。

　　从显示性比较优势指数来看，我国高技术产品的显示性比较优势1992年明显低于日本且小于1，之后我国高技术产品的比较优势在各种因素作用下提升明显并于2011年达到最大值（见图4－10）。根据Lall（2000）高技术产品可以细分为电子机电产品和其他高技术产品，从图4－11细分行业的中日高技术产品显示性比较优势对比中可以明显地看出我国电子电气类产品的显示性比较优势增长迅速，从 1992 年不足日本的一半到 2002 年超越日本，再到 2015 年以远远高于日本电子机电类产品的显示性比较优势；其他高技术产品的显示性比较优势 2005年前日本均高于我国，2005～2013 年我国其他高技术产品显示性比较优势超过日本，2014 年又被日本超越。

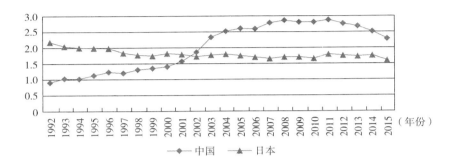

图 4-10　中日高技术产品显示性比较优势比较

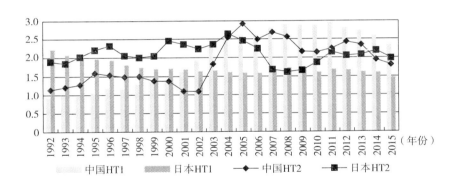

图 4-11　中日高技术产品细分显示性比较优势比较

资料来源：笔者计算所得。

4.3.2　"二战"后日本制造业出口贸易结构优化的原因

战后初期的 1947～1959 年，纺织品是日本最主要的出口商品，1947 年日本实施倾斜生产方式的产业政策，日本政府开始积极推动促进重化工业的发展。随着日本重化工业在制造业中比重的提高，纺织品出口的比重迅速下降，机械机器的比重上升，纺织品出口比重从 1950 年的 48% 下降到 1959 年的 29.8%，机械机器工业在出口中的比重从 1950 年的 9.9% 上升到 1959 年的 23.4%。如图 4 - 12 所示，1960 ~ 1973 年，日本出口贸易结构持续发生变化，高技术产品出口比重进一步增加，其中机械机器的出口比重占据重要地位。1973 ~ 1988 年，日本中技术产品出口比重增加，高技术产品和低技术产品出口下降。1988 年至今，日本经历了 20 世纪 90 年代的经济滞胀期，出口结果保持稳定变化不大。总结日本战后出口技术结构迅速提升改善的原因，可以表现为以下几个方面：

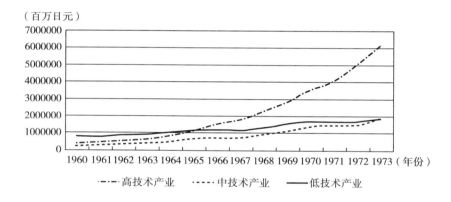

图 4 - 12　1960 ~ 1973 年日本各产业出口额

资料来源：日本通商产业省通商产业政策史编纂委员会编. 日本通商产业政策史（第 16 卷）［M］. 北京：中国青年出版社，1996.

4.3.2.1　产业政策支持

日本重化工业和信息化时期实施了一系列的产业政策推动重化工业的发展。第一，补助金和税收优惠政策，日本政府提供补助金，允许特别折旧或把各种储备金列为亏损以减轻税负等方式鼓励企业出口。20 世纪 80 年代补助金则转向了新产品、新技术研究和高新技术产业。第二，金融支持，为了满足出口结构调整，对需要政策支持的企业和产业，日本政府为其提供了金融政策支持，或规定最优惠的商业贷款利率，或利用邮政储蓄和政府掌管的政府系金融机构为相关企业提供长期贷款。

4.3.2.2 加工贸易的发展

日本国土狭小，资源匮乏，经济发展长期以来受到资源、能源和市场的制约，加之战败、技术落后和外汇资金不足的影响，日本采取了加工贸易立国的经济发展战略。一方面日本进口资源能源以满足国内生产的需求，另一方面出口制成品以换取外汇收入。在这一过程中，加工贸易的发展不仅解决了日本资源匮乏、外汇不足的问题，也通过加工贸易发展了本国的制造业，出口商品从以纺织业为主发展转向以机械机器为主，由此出口技术结构提升了。

4.3.2.3 技术革新

日本贸易结构的升级是伴随着自身产业技术的创新逐步发展的。日本的技术创新在很大程度上是模仿式的创新，对欧美等西方发达国家的技术在吸收基础上进行模仿改进，将其适应本土的资源情况和生产工艺，比如轻工业和重化工业化时期的设备改进；另外是在自主研发方面进行大力的投入而产生的符合自身国情的新的技术突破，比如在半导体领域的研发对消费电子行业的整体带动。日本的技术创新带来了出口商品技术结构的升级，使其产品在国际竞争中占据了先机和主动。

4.3.2.4 其他原因

日本贸易结构的升级除了上面的原因以外还有很多其他的因素，比如在微观层面以"家"文化为核心的企业治理和经营方式、对创新和协同发挥重要作用的行业组织、居民较高的储蓄率所形成的对投资的支撑作用、高度重视教育所带来的人力资本的快速提升、战后美国源源不断的经济援助、在多边及双边贸易中的进取策略等。这些都对其形成多轮的景气周期、发展国民经济、促进技术提升、开拓国际市场起到了促进作用。

4.3.3 日本制造业发展历程

日本出口商品的结构变化主要经历了纺织业为主—钢铁产业为主—机械机器为主不断升级演变的过程，出口技术结构也在这一过程中不断升级。但是，从1992年后不同技术水平的出口情况来看，日本高技术产业的显示性比较优势出现了下降的情况，且在2002年后高技术产品的出口比例也出现下降，日本高技术产品以及日本出口技术结构的升级并没有得以延续。日本在高技术产品出口中的表现一方面和 20 世纪 90 年代的萧条有关，另一方面和日本技术创新和技术保密相关。虽然日本电子企业市场份额下降，但其核心部件、核心技术仍有话语权①。

由此可见，日本利用后发优势取得了战后的重化工业、信息化的发展，在制造业发展上取得了巨大进步，但由于创新能力不足，日本在高技术产品出口上的优势有所下降。与日本 1960～1988 年的发展阶段相似，我国在 1992 年至今出口中的高技术产品占比不断提高，高技术产品出口的显示性比较优势不断上升，有些行业已经超过了日本，为保持出口技术结构的持续升级、避免出现日本制造业出口在 20 世纪 90 年代后经济滞胀的情况，我们应该学习并借鉴日本战后制造业出口技术结构升级的经验并吸取其教训。第一，加工贸易有助于制造业起步初期出口技术结构的升级，但就长远来看，加工贸易对出口技术结构升级的作用有限，且"两头在外"的经济结构也容易受国际经济波动及危机的影响。第二，研发投入和科研创新能力是出口技术结构升级的关键因素。第三，财政税收政策有助于引导产业中心的转移。第四，金融发展解决了出口技术结构升级过程中巨大的资金需求，是出口技术结构升级的有力支撑。

---

① http：//money. 163. com/16/0115/15/BDCO4BCH00253G87. html.

5 我国制造业出口技术结构升级的机制及制约因素

通过第 3 章制造业出口技术结构升级的机理分析我们清楚地认识到，影响制造业出口技术结构升级的因素主要包括三大部分：第一，内部因素，包括人力资本、研发投入等；第二，外部因素，主要包括外商直接投资和贸易等；第三，其他支持因素，例如金融发展、基础设施、制度质量等。本章首先分析全球制造业发展新态势及我国制造业发展新特点。其次深入探讨了制造业出口技术结构升级的机制。最后具体分析了影响我国制造业出口技术结构升级的主要制约因素及其原因，包括自主创新能力不足、制造业外商直接投资下降、产业结构不合理、金融发展相对落后等。鉴于对全球制造业发展新态势及趋势的分析，在外部因素不确定性及限制增加的条件下，出口技术结构升级的关键在于内部可以促进创新的内驱力。

5.1 我国制造业贸易的发展及新特点

5.1.1 全球制造业发展新态势

制造业是工业经济的主体，是国民经济发展的基础，也是服务业发展的重要支撑。当前，全球经济正在经历着新一轮的科技革命和工业革命，新工业革命的主要特征是工业化和信息化的深度融合，新工业革命为制造业的转型发展提供了重要的发展机遇。美德日等发达国家纷纷结合自身的优势，提出制造业发展新战略，加快抢占制造业的制高点，振兴本国制造业并在新一轮的产业革命中占得先机。发达国家的制造业发展战略，既能创造更多的就业岗位，又能抑制先进技术的外流。如表5-1所示，美德日都提出了制造业发展相关战略，但各政策的侧重点又有所不同。

表5-1　美国、德国、日本出台政策一览表①

年份	美国	德国	日本
2009	《重振美国制造业框架》《制造业促进法案》《五年出口倍增计划》		
2010		《思想、创新、增长——德国2020高技术战略》	
2011	《先进制造伙伴计划》	《技术运动》	
2012	《先进制造业国家战略计划》国家制造业创新网络	《2020——创新伙伴计划》	
2013	国家制造业创新网络初步设计	研究基础设施路线图"工业4.0"	
2014			《3D打印制造革命计划（2014-2019）》新策略性工业技术升级支援计划《机器人开发五年计划（2015-2019）》

　　美国制造业的发展战略的侧重点在于发展先进制造业，后危机时代，美国提出了"再工业化"战略、"制造业复兴计划"，并将制造业的发展重点定位在高端制造业，提出了"先进制造业国家战略计划"，高端制造领域主要包括：汽车、节能环保、航空工业、纳米技术、智能电网、生物工程，确保美国的制造业强国地位。具体政策可概括为：第一，完善先进制造业创新政策；第二，优化政

---

　　① 佚名. 全球制造业发展形势分析与展望［A］. 国际经济分析与展望（2015～2016）［C］. 北京：社会科学文献出版社，2016.

府投资，政府要加快中小企业投资，提高劳动力技能，加大研发投入力度等；第三，加强"产业公地"建设。与此同时，美国提出"国家制造业创新网络"建设，加强产学研的有机结合，为此，美国相继成立了"轻型和当代金属制造创新研究所""国家3D打印机制造创新研究所""数字制造和设计创新研究所""下一代电力电子制造研究所"和"符合材料制造业中心"。在重回制造业的过程中实现制造业创造性、低成本和本地化的结合。

德国制造业发展的重心放在了以新技术改造传统产业，推行工业4.0战略和高技术战略上。工业4.0战略是以智能制造为主导的第四次工业革命，该战略目的在于通过信息物理融合系统（CPS），推动德国制造业智能化发展，促进信息通信技术和互联网技术的发展，构建智能化网络。德国制造在绝对多数领域处于世界领先水平，德国传统制造业中的汽车制造在世界上遥遥领先，德国的节能产业、环保产业一直处于领先地位。德国的机械设备制造行业及其分支领域，无论是成套的设备还是机械零部件，德国制造都处于行业领先地位，也是行业的领导者。为了适应新一轮的科技革命，在现有优势的基础上，德国围绕核心技术确定了发展的新方向，一是数字化制造，通过制造业数字化改造传统行业；二是绿色制造；三是发展生产性服务业。

日本提出实施"制造业再兴战略"和"制造业竞争力战略"。日本在机器人领域、汽车领域掌握了先进技术，拥有本田、三菱、日产、尼桑、松下、丰田等世界级的大企业，日本电子产品及计算机领域处于世界领先地位，东芝、富士通、日立等是半导体领域的知名企业。日本将新型机器人、3D打印技术、清洁能源汽车作为制造业发展的重点领域，加快制造业的升级换代。

5.1.2 我国制造业贸易的发展

我国制造业增加值持续增长，但增速自2012年开始明显放缓。如图5-1所示，2016年全国制造业增加值达21.43万亿元，占国内总产值的30%，同比增长5.86%，增速自2012年起连续5年维持在8%以下，其中2015年增速3.48%，近5年的平均增速明显低于2005~2011年17%的复合增速。

图5-2显示，我国制造业出口交货值自2005年总体保持上升趋势。2009年受金融危机的影响，全球经济增长减速，贸易额大幅下降，我国制造业出口交货

值也出现较大降幅。2013～2016 年制造业出口交货值基本保持平稳，2015 年出现轻微下调。

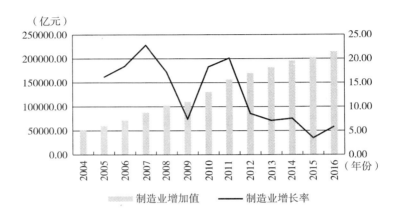

图 5 - 1　我国制造业增加值及增长率

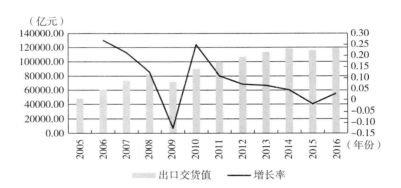

图 5 - 2　我国制造业出口交货值及增长率

5.1.3　我国制造业贸易的新特点

5.1.3.1　人力成本提升

丰富廉价的劳动力资源不仅使我国制造业产品在国际市场上具有价格优势，更是成为吸引外商来华投资建厂的重要原因。长期以来的廉价劳动力为我国制造业出口扩张及发展做出了重要的贡献。

近些年来我国制造业单位劳动成本①逐年增加，据牛津经济研究院的研究结果，我国制造业的单位劳动力成本只比美国低4%。单位劳动力成本上升的原因包括：一方面劳动力工资上升，另一方面单位劳动生产率的增长较工资上涨得较慢。我国制造业的工资水平是印度的4.6倍，是越南的3倍。除劳动力成本增加外，房地产价格攀升、环保成本增加等总成本的增加，一方面削弱了制造业出口商品的比较优势，另一方面也导致外商直接投资减少，不利于技术引进。这些因素的存在都使得我国传统的制造业出口格局必须转型，制造业出口技术结构升级迫在眉睫。

5.1.3.2 外资企业出口比重相对较高

我国制造业出口额中相当大的部分是外资企业出口，2003年外商投资企业的制造业出口交货值为10563.11亿元，占全国制造业出口交货值的39.20%，2007年外商投资企业制造业出口交货值为35317.61亿元，占全部制造业出口交货值的48.12%，占比达到最高值，2014年外商投资企业制造业出口交货值达到46874.76亿元，2015年有所下降，制造业出口交货值为41617.48亿元。2003年内资企业制造业出口交货值为8982.86亿元，占全部制造业出口交货值的33.34%，2007年内资企业制造业出口交货值为21605.91亿元，占全部制造业出口交货值的30.00%，到2015年内资企业制造业出口交货值增加到43064.52亿元，占比增加到37.12%。

从图5-3可以看出，自2003年到2014年外商投资企业制造业出口交货值不断上升，2009年和2015年出口交货值出现下降。从图5-4可以看出，外商投资企业的制造业出口交货值占比2007年达到最大值，内资企业的在制造业出口中占比逐渐增加，从2003年的33%增长到2015年的37%。如表5-2所示，在内资企业中，私营企业制造业出口交货值占比从2003年的32%上升到2015年的45%，有限责任公司制造业出口交货值占比从2003年的27%上升到2015年的36%，国有企业制造业出口交货值占比从2003年的9%下降到1%。从表5-2我国不同类型内资企业出口交货值来看，私营企业制造业出口交货值占比最大，

---

① 单位劳动成本 = 平均劳动力成本/劳动生产率。

且所占比例呈不断上升趋势，2003 年私营企业制造业出口交货值占内资企业制造业出口交货值的 32%，2016 年私营企业制造业出口交货值占内资企业制造业出口交货值的 45%；有限责任公司出口交货值占比第二，也呈不断上升趋势，2003 年有限责任公司制造业出口交货值占内资企业制造业出口交货值的 27%，2016 年有限责任公司制造业出口交货值占内资企业制造业出口交货值的 36%；与此相应，国有企业制造业出口交货值逐渐减少，从 2003 年的 9% 下降到 2016 年的 1%。

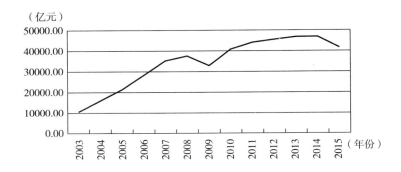

图 5 - 3　外商投资企业制造业出口交货值

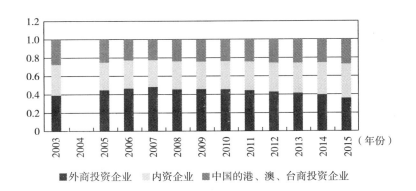

■外商投资企业　内资企业　中国的港、澳、台商投资企业

图 5 - 4　不同企业性质工业出口交货值（当年价格）比重

注：2004 年数据缺失。

表 5 - 2   内资企业制造业出口交货值占比

年份	国有企业	集体企业	股份合作企业	股份有限公司	私营企业	有限责任公司
2003	0.09	0.10	0.05	0.16	0.32	0.27
2005	0.08	0.04	0.02	0.16	0.39	0.30
2006	0.08	0.03	0.02	0.14	0.38	0.34
2007	0.06	0.03	0.02	0.14	0.40	0.34
2008	0.05	0.02	0.01	0.16	0.42	0.33
2009	0.04	0.02	0.01	0.15	0.45	0.30
2010	0.04	0.02	0.01	0.15	0.45	0.31
2011	0.04	0.02	0.01	0.17	0.43	0.31
2012	0.03	0.01	0.01	0.18	0.44	0.32
2013	0.02	0.01	0.00	0.17	0.45	0.33
2014	0.01	0.01	0.00	0.17	0.45	0.35
2015	0.01	0.01	0.00	0.17	0.45	0.36

注：联营企业和其他企业占比太低，忽略不计；2014 年数据缺失。

5.1.3.3   互联网与制造业贸易相结合

随着制造业发展模式的变化以及互联网的普及，全球贸易发展展现新态势，主要体现在互联网和制造业的深度融合上。互联网与制造业贸易相结合主要体现在：第一，传统贸易和互联网相结合，各类平台不断涌现。跨境电商平台不仅要改变消费模式，也使更多的中小企业参与到国际贸易当中。全球贸易平台化是现阶段全球贸易发展的主要特点，商务部数据显示，我国 2015 年跨境电商高速发展，增速为 30%。跨境电子商务平台不仅为国际贸易创造了更丰富的渠道和更便利的环境，还可以集合其掌握的大数据为制造业企业的计划、生产及产品创新提供可靠的参考。一方面，跨境电子平台为企业参与国际贸易提供了更多渠道和更便利的环境。另一方面，跨境电子商务平台通过其掌握的大量交易数据，可以整合劳动力、资本、技术等传统要素，创造新的价值。随着平台数据的不断积累，通过对历史数据的计算分析，可以更准确地了解客户端的需求定位目标客户，可以为制造业企业的生产销售及产品创新提供准确可靠的依据。第二，促进中小企业国际化。

5.2 制造业出口技术结构升级的机制分析

从第3章的模型分析可知，人力资本积累、外商直接投资、完善的基础设施和健全的金融发展都是促进出口技术结构升级的关键因素。本节内容从这几个方面分别分析其促进出口技术结构升级的机制。

5.2.1 外商直接投资与出口技术结构升级

制造业出口技术结构的升级可以体现在以下三个方面：第一，出口产品从劳动密集型产品向资本密集型产品、技术密集型产品的转化；第二，制造业劳动生产率的提高所带来的出口技术结构的升级；第三，制造业生产在全球价值链分工体系下的位置向上游方向发展。外商直接投资分为水平型投资和垂直型投资，水平型投资企业一般情况下是为了减少贸易成本或运输成本，垂直型投资企业一般情况下是为了利用东道国的要素价格优势。所以现有的理论认为，水平型外商投资对出口技术结构提升的影响较小，而垂直型FDI的企业要比本土企业具有更高的劳动生产率或者具有更高的技术水平，对出口技术结构的升级影响较大。外商直接投资通过资本积累、技术溢出等效应，影响东道国的贸易技术结构。如图5-5所示，外商直接投资一方面有利于东道国的资本积累，在劳动力禀赋不变的条件下引起要素相对禀赋的变化即资本的相对禀赋提高，随着资本积累的增加进而引起比较优势的变化，带来出口技术结构的升级。另一方面，外商直接投资的横向技术溢出和纵向技术溢出带来东道国水平产业及相关产业的技术水平的提高，进而促进了出口技术结构的升级。

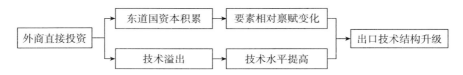

图5-5 外商直接投资与出口技术结构

第一，外商直接投资可以促进东道国的资本积累。FDI 的直接效果就是促进了东道国的资本积累，资本积累是经济增长、出口技术结构升级的重要因素。根据比较优势理论，资本积累的增加会带来东道国要素相对禀赋的变化，东道国的比较优势发生转移，逐渐形成向资本密集型产品、技术密集型产品生产的转移。Helpman（1984）也认为跨国公司的对外直接投资会改变东道国的要素禀赋状况，从长期来看，会改变东道国的出口技术结构。

外商直接投资通过资本积累影响东道国的出口技术结构，通过资本、劳动两要素模型进行分析说明。假设：①外商直接投资具备资本形成效应；②两种生产要素——资本和劳动，两种密集型产品——资本密集型产品和劳动密集型产品。如图 5－6 所示，已知东道国的资本要素约束线为 AB，劳动要素约束线为 CD，则生产可能性边界为 AED，生产点为 E 点。随着外商直接投资的增加，假设劳动力供给不变的条件下，资本要素供给的增加使得 AB 向右移动到 A′B′，生产可能性边界变为 A′E′D，在资本和劳动要素充分利用的条件下，生产点变为 E′。劳动密集型产品的生产减少，而资本密集型产品的生产再增加。

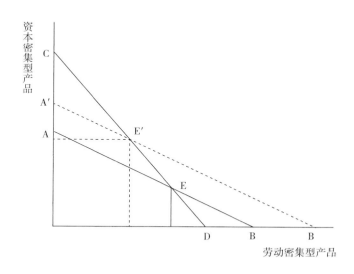

图 5－6　资本积累对出口技术结构的影响

由此可见，外商直接投资的注入使得东道国资本积累增加，资本、劳动要素比发生变化。根据要素禀赋理论，东道国的出口技术结构由劳动密集型产品逐渐向资本密集型产品转变，当要素比例关系发生根本性变化后，该国的比较优势也将发生根本性变化，外商直接投资通过资本积累的渠道优化了一国的出口技术结构。

第二，外商直接投资的技术溢出效应。FDI 除了形成东道国的资金流入增加资本积累外，还带来了先进的技术、管理经验等更为重要的要素。跨国公司凭借其先进的生产技术、成熟的管理经验等优势对东道国进行直接投资，并通过示范——模仿效应、竞争效应、人力资本流动效应和产业关联效应 4 种途径对东道国产生了技术溢出（Gorg and Greenaway，2004），促使东道国技术升级和出口技术结构升级。外商直接投资可以分为水平型对外直接投资（Horizontal FDI）和垂直型对外直接投资（Vertical FDI）。与此相对应的 FDI 的技术溢出可以分为水平技术溢出和垂直技术溢出。FDI 的技术溢出受一国经济发展水平、外贸依存度、东道国自身的技术水平、人力资本水平、基础设施状况等方面的影响，并存在门槛效应。在不考虑 FDI 技术溢出门槛效应的情况下，外商直接投资通过横向技术溢出和纵向技术溢出两种渠道作用于出口技术结构。

水平技术溢出是指产业内的技术溢出，是外商直接投资通过对行业内的企业的示范——模仿效应、市场竞争效应，提高了同行业企业的技术水平和管理水平，促进了该行业的出口国内增加值的提升。首先，跨国公司进入东道国后，其先进的技术及管理经验为当地企业树立了"榜样"，起到了示范作用，基于跨国公司利益最大化的考虑，跨国公司愿意将先进技术和先进管理经验进行分享；东道国企业通过模仿学习跨国公司的先进经验提高其自身的技术水平和创新能力，促进东道国企业出口技术结构升级。其次，跨国公司凭借其垄断优势进入东道国市场后不仅对东道国企业产生了示范效应，还在当地进行 R&D 活动，无疑给东道国企业带来了竞争压力，使东道国企业产生紧迫感。这种竞争效应不仅有利于东道国市场资源的优化配置，也有利于激发东道国企业创新活动的开展和技术水平的提高，促进东道国出口技术结构升级。

垂直技术溢出是跨国公司将产业链分解，部分生产程序转移到附属机构所在地进行的过程中对东道国形成了技术溢出。由于贸易成本高和市场需求的增加，跨国公司大量进行海外扩张，东道国在与外资企业建立起上下游的垂直关联时，得到来自上下游企业提供的高质量的中间产品和技术支持。由于这种溢出效应实质上是利用跨国公司在东道国生产中，将本地企业纳入生产链过程当中形成的，而将本地企业纳入生产链有利于促进东道国的技术水平提高和技术扩散。跨国公司在垂直对外投资中对东道国产生的技术溢出根据方向不同可以分为前向技术溢出和后向技术溢出。后向技术溢出是垂直技术溢出的主要方式，产生后向技术溢出的途径主要有：进口母公司的原材料和高质量的中间产品；吸收跨国公司的先进技术和优秀管理经验。通过后向技术溢出可以提高东道国制造业出口技术结构，东道国利用外资和上游企业的中间产品，对出口技术结构有正向的促进作用。前向技术溢出是东道国在使用外资过程中学习了先进技术，提高制造业的出口技术水平。

如图 5-7 所示，虚线表示技术溢出的方向，实线表示商品流。外资企业一方面通过水平技术溢出促进东道国出口技术结构的升级，另一方面通过上下游企业关联产生垂直技术溢出效应促进东道国技术结构的升级。

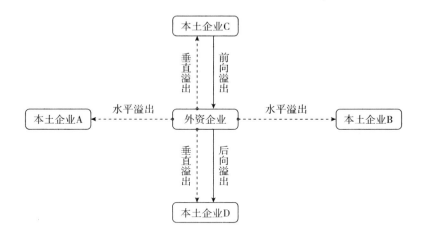

图 5-7　FDI 技术溢出机制

5.2.2　研发投入、人力资本积累与出口技术结构升级

基于前面第 3 章制造业出口技术结构升级的机理分析我们知道，研发投入和

人力资本积累都是内部知识积累的重要途径，在外部环境不确定增加的情况下，我国现阶段制造业出口技术结构升级更是对研发投入和人力资本积累提出了更高的要求。技术创新能力越强、技术溢出吸收能力越强，越有利于企业生产效率的提高，研发投入无论是对技术创新还是对技术溢出吸收能力都有促进作用，因此加大研发投入的数量和质量有利于促进制造业整体出口技术结构升级，企业加大研发投入有利于企业生产效率的提升和生产方式的改进。

亚当·斯密、马歇尔、李斯特等经济学家较早就提出过人力资本对经济发展的重要作用。美国经济学家 Schultz（1961）创立了人力资本理论，并将人力资本与物质资本区分开来，他认为，人力资本是体现在劳动者身上的一种资本类型，是蕴含于人身上的各种生产知识、技术水平、劳动能力以及健康状况的存量总和，可以通过对劳动者进行教育、培训等投资形成。除研发投入外，人力资本积累也是制造业出口技术结构升级的关键性因素。人力资本的积累直接影响一国出口技术结构，一方面人力资本的积累促进创新活动的开展，包括开拓新思想、发现新机遇，改进新方法；另一方面人力资本的积累也促使创新向生产力的转化。人力资本的积累是出口技术结构升级的前提和保障，技术创新更加需要高技能的劳动者，新技术的吸收和应用同样也离不开人力资本的积累，人力资本的积累有利于制造业企业生产力的提高及企业技术创新的进行，有利于制造业出口技术结构的升级。

5.2.3 基础设施与出口技术结构升级

根据世界银行《1994 年世界发展报告》中对基础设施的定义，基础设施主要包括为人民生活、社会生产提供保障的公共工程和公共设施。世界银行（1994）将基础设施分为经济性基础设施和社会性基础设施，其中直接用于满足经济性的基础设施称为经济型基础设施，例如交通运输、能源供给等；社会性基础设施例如学校教育设施、卫生保健设施、社会福利设施等是用于改善人民生活质量的。根据 Biehl（1991）的定义，基础设施包括网络基础设施和中心基础设施。其中网络基础设施包括交通基础设施网络、能源基础设施网络和信息基础设施网络；中心基础设施包括学校、医院和博物馆。Torrisi（2009）从经济学视角定义了基础设施，他认为基础设施具有公共物品的特性，也具有非竞争性和非排他性的性质，也具有为社会生产和再生产服务的功能。改革开放以来我国的基础设施实现了"跨越式"发展（刘生龙等，2010），交通基础设施、能源基础设施、通信基础设施三大基础设施占到了国有资产总量的70%。

王永进等（2010）实证分析了基础设施与出口技术复杂度的关系，认为基础设施稳健提高了出口的技术复杂度，马淑琴等（2013）实证分析了网络基础设施与制造业出口复杂度的关系，认为对于收入水平较高的国家和地区，网络基础设施和制造业出口产品技术含量明显正相关。基础设施促进出口技术结构升级的机理体现在以下两方面：

第一，降低企业成本。对外贸易比国内贸易具有更多的不确定性（Rodrik，2000），这就要求企业要根据国际市场及时地做出调整，便捷的基础设施有利于企业及时调整生产，从而降低调整成本；立体化的交通设施网络有利于企业减少库存，有利于商品的空间转移，降低贸易成本；能源基础设施的发展可以为企业生产提供稳定的生产资料，减少设备的磨损；网络基础设施的发展带来了信息化的飞速发展，信息化降低了出口商获取信息、广告等成本的支出，从而降低了企业贸易成本。基于上节制造业出口技术结构升级的模型分析可以知道，企业成本的降低可以促进出口技术结构的升级。

第二，提高了企业的交易效率。交通基础设施的发展使得原来到不了的地方成为了可能，贸易范围扩大的同时，对外贸易的效率也得到了提高；网络基础设施的完善促进了信息化和电子商务的发展，信息化是企业比较优势的一个新的来源（李坤望等，2015），网络基础设施可以提高一国的贸易交易的效率，扩大了贸易范围和贸易数量，大大拓展了一国的贸易发展，提高一国出口的技术结构水平。

5.2.4 金融发展与出口技术结构升级

随着我国出口贸易的增加，出口技术结构的优化成为了现阶段的重要问题，制造业出口技术结构升级的核心问题在于创新，创新需要人力、物力、财力的支撑，金融服务承担了经济活动中最主要的资金融通功能。金融发展是一国金融机构和金融市场效率不断提升和金融体系功能不断完善的一个动态过程（张志文，2008）。金融发展表现为金融规模的扩大，金融结构的优化、金融市场效率的提高以及金融体系和金融监管的完善等。在内生经济增长框架下，金融发展通过降低融资成本、分散风险、解决信息不对称和促进人力资本投资等机制为企业创新活动提供资金支持，提高了员工掌握新技能的能力，在企业创新活动中起到了至关重要的作用，进而促进了出口技术结构的升级（见图5-8）。金融发展可以通过多样化的金融资产组合有效地分散风险（Feeney and Hillman，2001），通过分散风险机制促进技术密集型产品的出口，提高出口技术水平。金融机构和金融市场的发展可以降低由于借贷信息不对称带来的验证成本和搜寻成本，降低企业的融资成本，促进企业生产规模的扩大和技术进步（Beck，2003）。齐俊妍（2005）实证分析了金融发展与出口贸易结构改善的正向关系，周永涛等（2011）认为中国较低的金融发展水平阻碍了中国出口技术结构的提升，齐俊妍等（2011）从跨国整体和跨国分行业两方面进行了实证研究，实证结果显示金融发展可以通过解决生产过程中的逆向选择问题提高一国的出口复杂度，金融发展对一国出口技术复杂度有稳健的促进作用。

首先，金融发展能分散风险、降低融资成本。出口技术结构升级是一个国家整体产业升级的结果，企业的创新活动离不开金融的支持。金融发展通过分散风险、降低融资成本的机制促使企业出口技术结构的升级。企业的研发活动或者创新型科技企业往往面临着更大的风险，也需要大量的资金支持。金融发展可以帮助企业克服流动性限制、降低企业的外部融资成本，促进企业研发活动的开展和高收益、高水平项目的投资。同时，发达的金融市场可以提供投资品作为分散风险的手段。具体表现为：第一，金融规模的扩大可以降低外部融资的要素价格，为企业各种创新活动提供所需的低成本资金；第二，科技型企业由于其风险较高抵押担保较少等特点，往往较难获得银行的信贷支持，因此多样化的金融服务、金融结构的完善可以扩大融资的渠道，更好地为创新型企业提供金融支持。

其次，金融发展通过解决信息不对称的机制作用于出口技术结构。金融机构掌握了大量的交易数据，金融机构根据其掌握的大数据的优势可以进行行业筛选，更好地发现具有高收益高潜力的投资机会，为相应行业企业项目提供融资。这一过程不仅有利于出口技术结构的升级，也有利于经济的长期发展。金融发展通过解决信息不对称降低了搜索成本，增加制造业部门的收益，使得制造业部门扩大外部融资水平，充分利用规模经济，实现出口技术结构升级。

最后，金融发展通过对人力资本投资的影响，也是金融发展作用于出口技术结构升级的重要渠道。一方面，人力资本投资通过促进人力资本积累，促进出口技术结构升级。从国家角度来讲，人力资本的积累受信贷约束的影响，信贷市场的不完全会影响一国的教育融资能力，影响熟练的技术工人的培养。从个人角度来讲，由于个人拥有物质财富水平的差异，受信贷市场不完全的影响，穷人难以负担成为熟练技术性劳动力的教育支出，只有富人能够承担成为熟练技术性劳动力甚至更高级别教育的费用。因此，信贷约束通过影响教育融资能力，作用于一国的出口技术结构。另一方面，国际市场的信贷不完全会影响不同国家在人力资本投资选择上的不同（Teraji，2002），进而影响一国的人力资本积累和出口技术结构升级。发达国家生产并需求高水平的商品，因而会产生更高水平的人力资本投资；发展中国家生产并需求低水平的商品，因而会产生较低水平的人力资本投资。

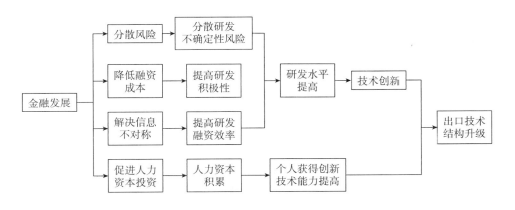

图 5 - 8　金融发展与出口技术结构升级

5.3　我国制造业出口技术结构升级的制约因素

制造业是工业经济的支柱，制造业出口占我国全部出口 90% 以上的比重，制造业出口技术结构的升级不仅关系到我国经济发展方式的转变，也是制造业快速健康发展的重要基础。随着发达国家"重回制造业"和"再工业化"战略的提出，世界经济发展的中心也逐渐向实体经济转变，制造业在经济发展中的重要作用得到了众多国家的高度重视。我国制造业处于全球价值链的中低端，存在的最大问题就是自主创新能力不足、低水平同质化竞争严重、能源消耗大、核心技术难以突破，再加上发达国家贸易摩擦所带来的影响，这些因素的共同作用对我国制造业出口技术结构升级产生了冲击，也制约了出口技术结构的升级。

从初级产品到制造业产品、从以来料加工为主到以进料加工为主、从低技术产品到高技术产品，我国凭借丰富廉价的劳动力资源和外商直接投资，成为"世界工厂"，一步一步地发展与进步，有技术引进也有自主创新。改革开放后我国出口技术结构升级主要得益于劳动力成本优势和外商直接投资的技术溢出，然而随着劳动力比较优势的逐渐丧失和外商直接投资的减少，通过技术引进的方式实现制造业出口技术结构的升级遇到了瓶颈。因此，自主创新才是现阶段实现技术驱动发展的核心力量，产业协调发展是整体出口技术升级的重要基础，金融发展是出口技术结构升级的有力支撑。随着国内国际经济的不断发展，影响制造业出口技术结构升级既面临机遇也面临挑战。

5.3.1 自主创新能力不足

创新是出口技术结构升级最为重要的因素，创新的核心是创新活力，只有当全社会具有创新的活力，并且具有创新产品市场，创新才具有可持续性以及对经济增长的长期效应。具体来讲，科技创新能够从创意到广泛应用，除了科技创新还需要制度创新和机制创新作为保障，制度创新和机制创新是创新活力持续保持并对经济产生长期影响的根本。创新作为一种重要的要素，无论是技术创新、制度创新还是机制创新，在创新由创意转化为产品的过程中都发挥了重要的作用。在制造业高质量发展的推动力上，从劳动力、土地、资源等要素投入为主，转向以数据、知识、技术驱动为主，从要素驱动的"平推式"发展转向创新驱动的"立体式"发展。

技术创新归根结底要依赖于自主创新能力，核心技术是引进不来也模仿不来的，特别是我国经济的发展已经和发达国家形成竞争关系，发达国家更加限制对中国的技术输出，不仅如此，以美国为首的发达国家还在打压中国高技术产业，因此自主创新能力就成为了影响我国出口技术升级的关键因素。

按照郎咸平等学者的观点，制造业价值链中的技术创新环节占据了各环节创造的总价值的 60%，可见创新对于出口技术结构升级的重要意义。本书关于创新能力的研究采用创新的狭义含义，仅指技术创新。现有关于产品技术创新的研究中，大多数文献采用研发（R&D）投入、从事研发活动的人员数和专利申请审批等指标来描述。根据 OECD（2000）的定义，R&D 是指在一个系统上的创造性工作，旨在丰富人类文化和社会的知识库，并利用这一知识进行发明创造。因此，我们选择研发投入和专利申请来衡量自主创新能力。

创新在我国一直备受重视，党的十九大报告提出，创新是引领发展的第一动力，是建设现代化经济体系的战略支撑。但从研发投入和研发产出数据来看，我国仍然存在自主创新不足的现实。

5.3.1.1 研发投入

从政府 R&D 支出来看，如图 5 - 9 所示，我国 2016 年研究与试验发展经费投入总量为 15676.7 亿元，比 2015 年增加 1506.9 亿元，增长 10.6%，增速较 2015

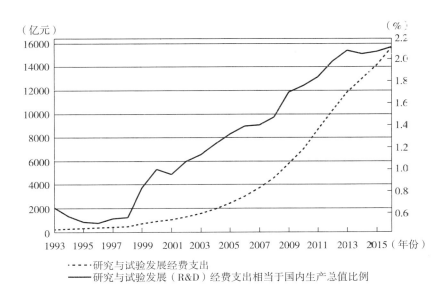

图 5 - 9 我国研发支出及研发强度

资料来源：Wind 资讯。

年提高了 1.7 个百分点，增速实现自 2012 年连续 4 年下滑后的首次回升；R&D 经费投入强度①为 2.11%，比 2015 年提高了 0.05 个百分点，连续 3 年超过 2%。其中，2016 年高技术制造业 R&D 经费为 2915.7 亿元，投入强度②为 1.9%。

我国的 R&D 支出占 GDP 的比重逐年增加，已达到世界平均水平，从中日研发强度对比来看，如图 5-10 所示，和日本相比我国的研发投入强度依然很少，2014 年日本研发投入强度为 3.5%，较我国的研发投入强度 2.0% 高 1.5 个百分点，但我国的研发投入增长速度明显高于日本。从另一个指标每百万人中研究人员的数量来看，如图 5-11 所示，1996 年我国每百万人中研究人员数量是 443 人，美国和日本同期每百万人中研究人员数量分别为 4947 人和 2211 人；2015 年我国每百万人中研究人员数量是 1176 人，低于俄罗斯（3131/百万人）、高于印度（215/百万人），其中日本同期每百万人中研究人员数量分别为 5230 人。虽然我国研发人员的数量明显低于美国、日本等发达国家，但我国研发人员的数量的增长速度比日本快，且我国研发资金增长明显快于研发人员增长速度，意味着研发人员的人均可支配研发资金也在增长。

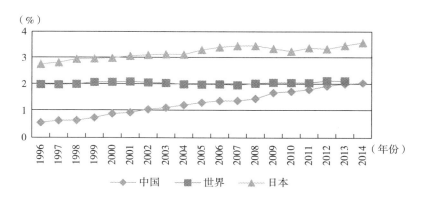

图 5-10 R&D 支出占 GDP 的比重

资料来源：WDI 数据库。

5.3.1.2 专利审批

随着研发投入的加大，我国研发活动的产出也逐渐扩大，表 5-3 和表 5-4

---

① R&D 投入强度用 R&D 占 GDP 的比重来表示。
② R&D 与主营业务收入比。

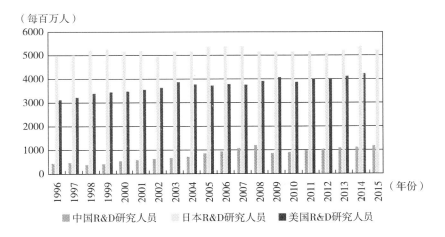

（每百万人）

■中国R&D研究人员　　□日本R&D研究人员　　■美国R&D研究人员

图 5 – 11　中国、日本、美国 R&D 研究人员

资料来源：WDI 数据库。

分别是我国国内外三种专利的受理数和授权数，我国三种专利的申请受理数和授权数逐渐增加，专利申请和授权稳中有进。发明专利申请受理数从 2000 年的51747 件增加到 2016 年的 1338503 件，年均增长率 22.7%，实用新型申请受理数从 2000 年的 68815 件增加到 2016 年的 1475977 件，年均增长率达 21.7%，外观设计申请数从 2000 年的 50120 件增加到 2016 年的 650344 件，年均增长率为18.2%。发明专利申请授权数从 2000 年的 12683 件增加到 2016 年的 404208 件，年均增长率为 25.5%，实用新型申请授权数从 2000 年的 54743 件增加到 2016 年的 903420 件，年均增长率为 20.3%，外观设计授权数从 2000 年的 37919 件增加到 2016 年的 446135 件，年均增长率为 18.7%。从三种专利占比情况来看，实用新型申请受理数占比最高、发明申请受理数次之、外观设计申请受理数最低；实用新型申请授权数占比最高、外观设计申请授权数次之、发明申请授权数最低。2016 年实用新型申请受理数为 1475977 件，占全部专利申请受理数的 43%，发明申请受理数 1338503 件，占全部专利申请受理数的 39%，外观设计申请受理数650344 件，占全部专利申请受理数的 19%；2016 年实用新型申请授权数为903420 件，占全部专利申请授权数的 52%，发明申请授权数为 404208 件，占全部专利申请授权数的 23%，外观设计申请授权数为 446135，占全部专利申请授权数的 25%。从授权数占受理数的比重来看，实用新型和外观设计的申请授权数占受理数的比重最高，2016 年分别为 61.2% 和 68.6%，发明申请授权数占受理数的比重最小，2016 年为 30.2%。

表 5 - 3　国内外三种专利的申请受理数及占比

年份	发明申请受理数（件）	发明申请受理数占比（%）	实用新型申请受理数（件）	实用新型申请受理数占比（%）	外观设计申请受理数（件）	外观设计申请受理数占比（%）
2000	51747	0.30	68815	0.40	50120	0.29
2001	63204	0.31	79722	0.39	60647	0.30
2002	80232	0.32	93139	0.37	79260	0.31
2003	105318	0.34	109115	0.35	94054	0.30
2004	130133	0.37	112825	0.32	110849	0.31
2005	173327	0.36	139566	0.29	163371	0.34
2006	210490	0.37	161366	0.28	201322	0.35
2007	245161	0.35	181324	0.26	267432	0.39
2008	289838	0.35	225586	0.27	312904	0.38
2009	314573	0.32	310771	0.32	351342	0.36
2010	391177	0.32	409836	0.34	421273	0.34
2011	526412	0.32	585467	0.36	521468	0.32
2012	652777	0.32	740290	0.36	657582	0.32
2013	825136	0.35	892362	0.38	659563	0.28
2014	928177	0.39	868511	0.37	564555	0.24
2015	1101864	0.39	1127577	0.40	569059	0.20
2016	1338503	0.39	1475977	0.43	650344	0.19

资料来源：EPS 数据库。

表 5 - 4　国内外三种专利授权数及占比

年份	发明申请授权数（件）	发明申请授权数占比（%）	实用新型申请授权数（件）	实用新型申请授权数占比（%）	外观设计申请授权数（件）	外观设计申请授权数占比（%）
2000	12683	0.12	54743	0.52	37919	0.36
2001	16296	0.14	54359	0.48	43596	0.38
2002	21473	0.16	57484	0.43	53442	0.40

续表

年份	发明申请授权数（件）	发明申请授权数占比（%）	实用新型申请授权数（件）	实用新型申请授权数占比（%）	外观设计申请授权数（件）	外观设计申请授权数占比（%）
2003	37154	0.20	68906	0.38	76166	0.42
2004	49360	0.26	70623	0.37	70255	0.37
2005	53305	0.25	79349	0.37	81349	0.38
2006	57786	0.22	107655	0.40	102561	0.38
2007	67948	0.19	150036	0.43	133798	0.38
2008	93706	0.23	176675	0.43	141601	0.34
2009	128489	0.22	203802	0.35	249701	0.43
2010	135110	0.17	344472	0.42	335243	0.41
2011	172113	0.18	408110	0.42	380290	0.40
2012	217105	0.17	571175	0.46	466858	0.37
2013	207688	0.16	692845	0.53	412467	0.31
2014	233228	0.18	707883	0.54	361576	0.28
2015	359316	0.21	876217	0.51	482659	0.28
2016	404208	0.23	903420	0.52	446135	0.25

资料来源：EPS 数据库。

国内发明申请授权数从 2000 年的 6177 件增长到 2016 年的 302136 件，年均增长 30%，国外发明申请授权数从 2000 年的 6506 件增长到 2016 年的 102072 件，年均增长 20.9%。如图 5-12 所示，2008 年之前国外发明申请授权数均高于国内发明申请授权数，2009 年开始国内发明授权数超过国外发明授权数。但是，部分领域专利布局与国外尚存差距。在 35 个世界知识产权组织划分的技术领域之中，2017 年国内发明专利拥有量高于国外来华发明专利拥有量的达 30 个，比 2016 年增加 1 个，但从维持 10 年以上的发明专利拥有量来看，国内仍在 29 个技术领域中数量少于国外。①

从近十几年的每百万人的专利申请数来看，如表 5-5 所示，我国远远低于日本和美国，日本虽然经历了迷失的 10 年，每百万人专利申请数依然很高。2003 年我国每百万人专利申请数为 44.06，日本为 2804.49，是我国的 60 多倍，

---

① http：//www.sipo.gov.cn/zscqgz/2018/201801/t20180119_ 1325147.html.

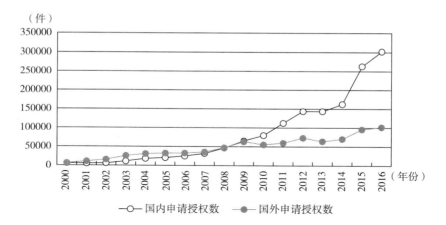

图 5-12　国内外专利申请授权数

资料来源：EPS 数据库。

表 5-5　中国、日本、美国 2003～2015 年专利申请情况

年份	中国		日本		美国	
	专利申请数（百万人）	增长率（％）	专利申请数（百万人）	增长率（％）	专利申请数（百万人）	增长率（％）
2003	44.06	41.73	2804.49	-2.13	651.28	1.67
2004	50.76	15.20	2883.63	2.82	647.31	-0.61
2005	71.71	41.27	2879.79	-0.13	703.40	8.67
2006	93.30	30.11	2714.50	-5.74	743.29	5.67
2007	116.14	24.48	2605.43	-4.02	801.20	7.79
2008	146.89	26.48	2577.72	-1.06	761.57	-4.95
2009	172.09	17.16	2306.30	-10.53	733.16	-3.73
2010	219.08	27.31	2265.02	-1.79	782.22	6.69
2011	309.37	41.21	2249.93	-0.67	794.79	1.61
2012	396.32	28.11	2250.00	0.00	855.71	7.67
2013	519.34	31.04	2133.92	-5.16	909.63	6.30
2014	587.23	13.07	2091.99	-1.96	893.98	-1.72
2015	706.12	20.25	2038.77	-2.54	897.07	0.35

资料来源：EPS 数据库。

2015 年我国每百万人专利申请数为 706.12，日本为 2038.77，是我国的 2.89 倍。

我国每百万人专利申请数从 2003 年的 44.06 增长到 2015 年的 706，年均增长 27.5，可见从每百万人专利申请数的增长率来看，我国遥遥领先，即使如此，和日本还有相当大的差距。导致企业创新能力不足的原因有：第一，企业缺乏创新条件，创新基础差且缺乏创新关键技术人才；第二，企业缺乏自主创新的动力，守着原有生产模式不愿意改变。

5.3.2　外商直接投资下降

外商直接投资对东道国出口技术结构的影响主要有以下两个方面：第一，按照要素禀赋理论，一国要素禀赋的情况决定了一国出口什么样的产品，外商直接投资通过增加东道国的资本积累，改变了东道国资本劳动比，有利于东道国出口从劳动密集型产品向资本密集型产品转变，有利于东道国出口技术结构升级。第二，外商直接投资通过对东道国的技术溢出，有利于东道国产品的技术升级，有利于东道国出口技术结构升级。但外商直接投资对于出口技术结构的具体作用也取决于外商直接投资的行业和定位。

20 世纪七八十年代，为了适应经济环境的变化和竞争的需要，发达国家的跨国公司纷纷将其战略中心聚焦在设计、研发、品牌、创新等高附加值的环节上，而把低技术含量、低附加值、高耗能的环节外包给发展中国家，从而形成了创新、研发由发达国家所控制，发展中国家承接低端生产环节的价值链分工体系。我国改革开放初期，经济发展水平低，劳动力、土地、资源等生产要素丰裕价格低，我国通过以市场换技术的方针加大引进高新技术产业和先进技术，通过建立健全外资法律法规体系，完善外资产业政策，引导外资投资方向等引进政策积极吸引外资，跨国公司纷纷将劳动密集型生产环节转移到中国。我国低成本的生产要素与跨国公司的资本相结合，一方面跨国公司降低了生产成本，另一方面我国通过本土代工的方式提高了制造业生产能力。通过加工贸易的发展，代工产品也逐渐从家具、家电、玩具、服装、鞋帽发展到电子产品、机械设备等。可以说，借助于加工贸易，2013 年我国成为世界第一大贸易国，并推动了我国的产业升级，促进了我国出口技术结构的升级。从以上章节的分析中可以看出，很长一段时间内外商直接投资成为促进我国制造业出口技术结构升级的重要影响因素。但我国制造业在核心技术、品牌等高端环节上仍然和美国、德国、日本有着较大的差距。

如图 5 - 13 所示，2012 年我国外商直接投资实际利用额为 1117.16 亿美元，2016 年我国外商直接投资实际使用额为 1260.01 亿美元，2012 年和 2016 年同比有所下降，整体呈上升趋势。从行业分布来看，外商直接投资无论从企业数还是从外商直接投资实际利用额来看，制造业吸引外资都是最多的，如图 5 - 14 所示，2012 年制造业外商直接投资利用额 488.66 亿美元占行业合计利用额的 43.7%，

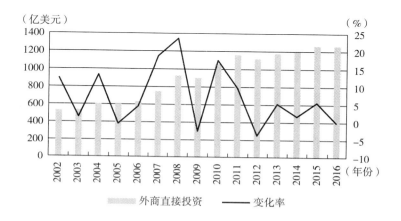

图 5 - 13　外商直接投资实际使用额

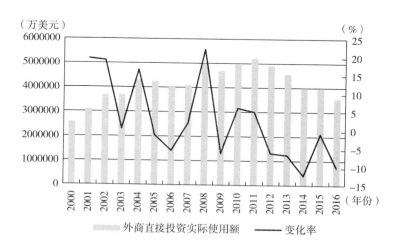

图 5 - 14　制造业外商直接投资实际使用金额及变化率

2016 年制造业外商直接投资实际使用额 354.92 亿美元占行业合计使用额的比例
下降到 33.4%。制造业外商直接投资实际使用额自 2012 年开始连续 5 年下降，
外商直接投资近些年的增长主要集中在金融业及租赁和商务服务业上，制造业外
商直接投资利用额下降。

如表 5-6 和表 5-7 所示，外商直接投资合同数和外商投资企业数呈上升趋
势，外商直接投资合同数 2012 年为 24925 个，2016 年达到 27900 个，外商投资
企业数 2013 年为 445962 个，2016 年为 505151 个。从行业分布来看，批发零售
业、金融业、交通运输及服务业外商直接投资合同数和外商投资企业数增加，但
制造业外商直接投资合同数逐渐减少，2012 年制造业外商直接投资合同数为
8970 个，2016 年为 4013 个，下降了一半多；制造业外商投资企业数有所下降，
2013 年制造业外商投资企业数为 166195 个，2016 年为 154158 个，在行业合计
外商投资企业数中占比从 2013 年的 37% 下降到 2016 年的 30%，虽然制造业外
商投资企业数在行业中的占比是最大的，但是制造业外商投资企业数也存在较大
降幅。

表 5-6　外商直接投资合同数

年份	2012	2013	2014	2015	2016
行业合计	24925	22733	23778	26575	27900
农、林、牧、渔业	882	757	729	609	558
采矿业	53	47	35	34	26
制造业	8970	6504	5178	4507	4013
电力、热力、燃气及水的生产和供应业	187	200	208	264	311
建筑业	209	180	230	176	268
批发和零售业	7029	7349	7978	9156	9399
交通运输、仓储和邮政业	397	401	376	449	425
住宿和餐饮业	505	436	567	611	620
信息传输、软件和信息技术服务业	926	796	981	1311	1463
金融业	282	509	970	2003	2476
房地产业	472	530	446	387	378
租赁和商务服务业	3229	3359	3963	4465	4631
科学研究和技术服务业	1287	1241	1611	1970	2444
水利、环境和公共设施管理业	122	107	99	84	97

续表

年份	2012	2013	2014	2015	2016
居民服务、修理和其他服务业	192	166	181	217	245
教育	11	22	20	38	96
卫生和社会工作	24	18	22	51	77
文化、体育和娱乐业	145	151	194	238	371
公共管理、社会保障和社会组织	3			5	

资料来源：国家统计局。

表5-7　外商投资企业数

年份	2013	2014	2015	2016
行业合计	445962	460699	481179	505151
农、林、牧、渔业	6661	6784	6937	6866
采矿业	870	836	833	788
制造业	166195	161168	158256	154158
电力、热力、燃气及水的生产和供应业	4222	4338	4594	4919
建筑业	4839	5033	5181	5243
批发和零售业	91146	100565	109833	121447
交通运输、仓储和邮政业	11337	11390	11791	12329
住宿和餐饮业	22000	24219	27229	29490
信息传输、软件和信息技术服务业	43421	43433	42435	43239
金融业	8639	9924	11708	14174
房地产业	17497	17522	17668	17559
租赁和商务服务业	40593	44381	50673	56401
科学研究和技术服务业	18664	20970	24064	27628
水利、环境和公共设施管理业	1008	1055	1120	1189
居民服务、修理和其他服务业	4754	4527	4626	4688
教育	406	410	463	531
卫生和社会工作	217	235	277	349
文化、体育和娱乐业	2613	2851	3229	3846

资料来源：国家统计局。

外商直接投资下降的原因包括：一方面，金融危机后全球经济增长放缓，2015年世界经济增长率为2.47%，发达国家纷纷提出再工业战略，德国工业

4.0、美国工业互联网，强调制造业的回归和升级，发达国家资金回流；另一方面，营商环境落后，长期以来我国的营商环境不仅落后于发达国家也落后于很多发展中国家，如表5-8所示，我国营商环境指数排名虽然逐步提高，但和我国的经济发展水平并不相称。

表5-8　我国营商环境排名

年份	2013	2014	2015	2016	2017
排名	91	96	90	84	78

资料来源：DOING BUSINESS 数据库。

然而，外商直接投资的下降虽不利于我国通过吸引外资的方式引进技术，但也为自主创新提供了机遇和挑战，制造业领域应该更加关注自主创新，多一些像华为、振华30、复兴号这样全球领先的产品。

5.3.3　产业结构不够合理

制造业出口技术结构升级制造业转型升级的主要内容，制造业出口技术结构不仅体现了一国制造业的生产水平，同时也是一国制造业技术水平在国际分工中的体现。在全球化视角下，我国参与了制造业全球价值链分工的中低端环节；在国内视角下，我国产业结构不够合理，这也制约了我国制造业向全球价值链高端的攀升。

发达国家主导了当今国际分工和贸易体系的方式，占据了全球价值链分工的高端环节，并将劳动密集型等低端环节的生产转移到劳动力低廉的中国等发展中国家。改革开放初期，我国沿海地区利用发达国家产业转移的契机，承接了发达国家大量劳动密集型和资源密集型产业，我国加工贸易也得到了迅速发展，同时也创造了大量的劳动岗位，加速了我国工业化初级阶段的完成。然而，"大进大出""两头在外"的贸易模式附加值低且资源消耗大，且多分布在东部沿海地区，而要素、资源等大多来源于中西部地区，形成了"发达国家—中国东部地区—中国中西部地区"附加值从高到低的全球分工链条[①]。原有的贸易方式无以

[①]　张少军，刘志彪. 产业升级与区域协调发展：从全球价值链走向国内价值链 [J]. 经济管理，2013（8）：30-40.

为继，既使得我国制造业出口技术结构升级遭遇瓶颈，也不利于经济的可持续发展。

5.3.4　金融发展相对落后

随着我国出口贸易的增加，出口技术结构的优化成为了现阶段的重要问题，制造业出口技术结构升级的核心问题在于创新，创新需要人力、物力、财力的支撑，金融服务承担了经济活动中最主要的资金融通功能，金融发展通过优化资源配置对创新发挥着重要的作用。金融发展是一国金融机构和金融市场效率不断提升和金融体系功能不断完善的一个动态过程（张志文，2008）。金融机构和金融市场的发展可以降低由于借贷信息不对称带来的验证成本和搜寻成本，降低企业的融资成本，促进企业生产规模的扩大和技术进步（Beck，2003）。金融发展可以通过多样化的金融资产组合有效地分散风险（Feeney and Hillman，2001），通过分散风险机制促进技术密集型产品的出口，提高出口技术水平。Goldsmith（1969）和 Mckinnon（1973）最早提出了以金融深度（Financial Depth）衡量金融发展的指标，伴随着金融发展理论的不断深化和金融实践的不断丰富，King、Levine（1997）和 Beck 等（2000）不断充实细化了金融指标体系，Beck、Levine 和 Kunt 从 2000 年开始创建了全球金融发展数据库，并被世界银行采用。

借鉴 Beck（2003）的方法选取金融规模和金融结构两个指标衡量金融发展水平，其中金融规模指标为银行私人信贷和股票市值占 GDP 的比重来衡量，反映了金融市场的规模，该指标越大说明金融市场整体规模越大。金融结构指标采用股票市值和银行私人信贷规模之比，反映了金融市场的活力，该指标越大代表市场化程度越高，特别是创新企业更容易获得金融支持。数据来源于 WDI 数据库，样本选取了 WIOD2016 中的 43 个国家。一般来讲，一国金融发展程度越高，出口技术结构水平越高。研究表明，金融发展不仅可以起到促进技术创新水平的作用（Schumpeter，1912；Levin，1993），还影响到新技术的运用（Bencivenga，1995）。金融发展、技术创新和运用共同推动了出口技术水平的提高。如图 5 - 15 所示，我国和样本国出口复杂度与银行私人信贷占 GDP 比例的散点图可以看出，无论是从样本国总体散点图还是从我国商业银行私人信贷与出口复杂度的散点图都可以看出银行私人信贷有利于促进出口技术水平的提高。

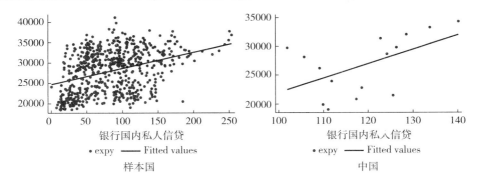

图 5 – 15　我国和样本国出口复杂度与银行私人信贷的散点图

　　第一，从规模指标来看，图 5 – 16 我国金融发展的规模指标显示：我国金融体系以银行为主导的特征，长期以来为企业提供融资的主要是商业银行，商业银行的私人信贷占 GDP 的比重均大于 100%；而股票市值占 GDP 的比重在 2007 年之前一直维持在较低水平，均不高于 50%，2007 年 10 月 16 日上证指数创下历史最高点 6124.04，股票市值较前一年增加了 3 倍多，在这之后随着股市的调整股票市值下降，但股票市值占 GDP 的比重较之前提高显著，均高于 50%。

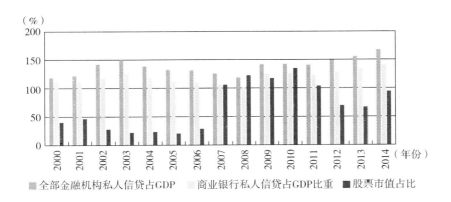

图 5 – 16　我国金融规模指标比较

资料来源：WDI 数据库。

　　第二，从结构指标来看，图 5 – 17 我国金融发展结构指标可以看出，一方面，除了 2007 年和 2008 年外，股票市值均低于商业银行私人信贷，说明商业银行长期以来是我国融资的主要来源；另一方面，2007 年之前我国的金融结构指标均低于样本国的平均水平，股改后这一状态发生了较大变化，股票市场市值大幅提升，但风险型企业股票市场融资仍然受到诸多限制。

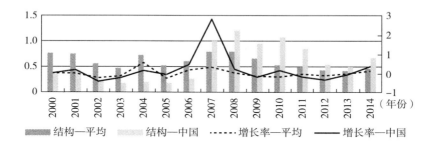

图 5 - 17　我国金融结构与样本平均值的比较

注：样本国为 WIOD2016 中报告的 43 个国家。

资料来源：WDI 数据库。

5.3.5　外部环境复杂多变

2017 年以来，我国以供给侧结构性改革为主线，经济保持稳中发展态势，经济结构不断优化，制造业生产技术水平逐渐提升。2017 年前三季度，中国 GDP 同比实际增长 6.9%，制造业产业结构持续优化，高技术产业增加值同比增 13.4%，其中装备制造业增加值同比增长 11.6%，增速分别高于全部规模以上工业 6.7 个百分点和 4.9 个百分点，制造业技术含量和出口技术结构不断提升[①]。当前，支撑我国经济保持较快速度增长和迈向全球价值链中高端水平的有利条件不断增多，为对外贸易发展奠定了坚实基础。但也要看到，我国经济可持续发展仍处在结构调整的过关期，出口技术结构升级任重道远。

从有利条件看，一是世界经济持续回暖。全球经济复苏并加速扩张，国际贸易回暖。2017 年第三季度 WTO 世界贸易景气指数（World Trade Outlook Indicator）达到 102.6，为 2011 年 4 月以来最高值。二是国内经济持续稳定发展。2017 年 9 月，我国消费者信心指数达到 118.6，创 2011 年有可比数据以来新高；制造

---

① 《中国对外贸易形势报告（2017 年秋季）》《2018 年中国对外贸易发展环境分析》。

业采购经理指数（PMI）为 52.4，创 2012 年 5 月以来新高，国内市场需求较为旺盛。我国外贸企业对出口预期增长的信心增强，企业玥显感受到全球市场回暖。国内国际经济发展为我国制造业出口技术结构提供了有力的经济空间和结构调整的环境基础。

从不利因素看：一是国际市场的不稳定、不确定性。虽然全球经济总体复苏，但国际环境仍然严峻复杂，贸易保护主义对我国出口进一步扩大形成制约，热点地区地缘政治局势紧张，给中国外贸带来不少风险。世界贸易组织发布的报告显示，2015 年 10 月到 2016 年 5 月，二十国集团发布实施了 145 项新的贸易限制措施，平均每个月都有超过 20 项新措施出台，月均新措施达到 2009 年以来的最高水平。全球贸易保护主义加剧，实施贸易保护、设置各种关税非关税贸易壁垒，用双反等手段干预正常贸易等，严重影响了国际贸易的正常进行，我国成为逆全球化趋势的最大受害者。二是国际市场竞争加剧。中国出口受到来自发达国家和新兴经济体的双重挤压。一方面，发达国家大力推进制造业回流，对我国引入高质量外资形成挑战，也使得通过引入外资提升出口技术结构升级的机制受到制约，自主创新的需求更加迫切；另一方面，以劳动力为代表的生产综合成本不断上升，传统比较优势持续弱化。据统计，2017 年前 8 个月，中国劳动密集型产品在欧盟和日本的市场份额分别下滑了 0.5 个和 0.9 个百分点，而东南亚国家产品所占份额明显上升。①

综合来看国际国内环境的变化，既是我国出口技术结构升级的机遇，也是面临的众多挑战。当前阶段，加速出口技术结构升级才是实现外贸结构性调整、新旧动能转换的关键。

① 商务部网站。

6 我国制造业出口技术结构升级的实证分析

我国制造业出口技术结构不断提升，但距离发达国家还有相当大的差距，处于全球价值链分工的中低端。通过制造业出口技术结构升级的机理分析及我国制造业出口技术结构的现状及存在问题的分析，根据内生贸易增长理论和产品空间理论，我们可以知道，创新是出口技术结构升级的关键，知识是创新的源泉。知识的获得可以来自于外部，也可以来自于内部，促进出口技术结构升级可以通过以下三条路径：第一，内部知识积累，如研发投入、人力资本积累等；第二，外部知识积累，如贸易、外商直接投资等产生的知识的国际溢出；第三，其他因素（如完善的基础设施、健全的金融发展、有力的创新促进政策等）。本章选取我国31个地区2009～2015年7年的面板数据分别进行了静态面板回归和动态面板回归，实证分析我国制造业出口技术结构升级的影响因素，鉴于解释变量对我国不同时期不同区域出口技术结构影响的差异，为了深度探讨解释变量在不同阶段对出口技术结构影响的差异，本章分时段分别进行了实证检验，为了深度挖掘解释变量对不同区域出口技术结构影响的差异，本章分东中西部分别进行了实证研究。

6.1 引言

当前，出口贸易结构优化成为贸易发展的重要课题，出口技术结构分析在近年来更是得到了广泛关注（Lall，2000；关志雄，2002；樊纲，2006；Hausmman 2006，2007；Hidalgo，2007；杜修立，2007；Xu，2009）。衡量制造业出口技术结构主要有以下三类方法：一是根据 Lall（2000）等对制造业按照 R&D 的投入多少划分的不同技术水平产业；二是 Hausmman（2007）等基于人均 GDP 的出口复杂度的衡量；三是基于全球价值链分解的国内增加值的衡量。Hausmann（2007）提出的出口复杂度表示为人均 GDP 的加权平均数，权数为某国某种产品出口的占比与全部样本国家某种产品出口的占比比例。出口复杂度来衡量出口技术结构，主要表现为三个层面：一是国家层面的出口复杂度，主要用于国际比较及跨国面板分析；二是行业层面的出口复杂度，主要用于考察各行业出口复杂度的状况、进行国际比较和行业层面的实证分析；三是省级层面的出口复杂度，在我国，由于各地区经济发展的差异性较大，因此省级层面的出口复杂度的分析可以更好地反映我国出口技术结构的现实状况和影响因素。鉴于数据的完整性和可获得性，本章出口复杂度的计算依据 Hausmann 的计算方法，选取 31 个省份的 29 个制造业行业 2009～2015 年的出口数据计算出口复杂度。

6.2 计量模型和变量选择

6.2.1 计量模型

根据前文的机理研究，本书借鉴陈晓华等（2011）的模型，由于时间较短而横截面个体较多，不考虑随时间推移而变化的影响（魏楚、沈满洪，2007），构建变截距模型如下：

$$expy_{c,t} = \lambda_c + \alpha_1 HC_{c,t} + \alpha_2 RD_{c,t} + \alpha_3 FDI_{c,t} + \sum_j \beta X_{j,c,t} + \varepsilon_{c,t}$$

其中，c 表示国家，t 表示时间，$expy_{c,t}$ 表示 c 国 t 时间的出口复杂度，$HC_{c,t}$ 表示 c 国 t 时间的人力资本指标，$RD_{c,t}$ 表示研发投入，$FDI_{c,t}$ 表示外商直接投资 λ_c 不随时间推移而变化的个体固定效应，$X_{j,c,t}$ 表示一系列控制变量。

新新贸易理论认为，企业克服各种沉没成本之后才能成功地进入到国际市场，随着企业进入国际市场的经验的增加，当地市场的相关出口及对外投资的各种信息成本会随之降低，因此企业的出口行为具有较强的连贯性（Andersson，2007；Chaney，2008）。我国出口的产品中老产品的出口占出口价值的比重达到94.06%（钱学峰、熊平，2010），由于企业的出口行为具有较强的连贯性，前一期的出口技术结构会影响下一期的出口技术结构，因此，我们加入出口技术结构滞后一阶构建动态面板模型：

$$expy_{c,t} = \lambda_c + \alpha_4 expy_{c,t-1} + \alpha_1 HC_{c,t} + \alpha_2 RD_{c,t} + \alpha_3 FDI_{c,t} + \sum_j \beta X_{j,c,t} + \varepsilon_{c,t}$$

其中，$expy_{c,t-1}$表示上一期的出口复杂度，c表示国家，t表示时间，$expy_{c,t}$表示c国t时间的出口复杂度，$HC_{c,t}$表示c国t时间的人力资本指标，$RD_{c,t}$表示研发投入，$FDI_{c,t}$表示外商直接投资，λ_c表示不随时间推移而变化的个体固定效应，$X_{j,c,t}$表示一系列控制变量。

6.2.2　变量选择

（1）出口复杂度（expy）。本章的被解释变量为各省出口复杂度。出口复杂度越高，认为该省的出口技术水平越高。出口复杂度的计算采取第4章的计算方法，出口数据选取31个省份制造业29个不同行业2009～2015年的出口额计算，数据来源于中国海关数据库。2009～2012年数据来源于《国民经济行业分类》（GB/T 4754—2002），2013～2016年数据来源于《国民经济行业分类》（GB/T 4754—2011）。两个版本的行业分类基本一致，2002年分类标准中的橡胶制品业和塑料制品业在2011年标准中合并为橡胶和塑料制品业，2002年分类标准中的交通运输设备制造业在2011年分类标准中分为汽车制造业和铁路、船舶、航空航天和其他运输设备制造业。为了计算的方便，我们对数据进行合并，采用橡胶和塑料制品业以及交通运输设备制造业的分类方法。

（2）研发投入（RD），解释变量。本章选取研究与实验发展（R&D）人员全时当量（人/年）来衡量研发投入，是指按常住全部人口平均计算的R&D人员全时当量。R&D人员包括企业、科研机构、高等学校的R&D人员，是全社会各种创新主体的R&D人力投入合力。R&D人员全时当量是指按工作量折合计算的

R&D 人员。该指标反映自主创新人力的投入规模和强度，预期结果为正。

（3）人力资本积累（HC），解释变量。Hausmann 等（2007）认为人力资本和劳动力规模是决定出口技术结构的两个主要因素，人力资本拓展了产品的种类，提高了产品的质量，劳动力规模则降低了发现成本。熟练劳动力显著提高出口技术结构，非熟练劳动力反而对出口技术结构有抑制作用（陈晓华，2011）。本章选取劳动者中大专教育程度的比例来表示，数据来源于国家统计局。

（4）外商直接投资（FDI），解释变量。FDI 的技术溢出效应会带来一国技术水平的提高，提升一国出口技术结构，本书以外商直接投资流量来衡量。研发投入是技术创新的重要条件，本书选取研发投入占 GDP 的比重来衡量。外商直接投资对制造业出口技术结构的影响预计为正。

（5）物质资本（GNZ），控制变量。根据要素禀赋理论，物质资本是决定贸易方式的要素之一，本章选取人均固定资产投资来表示物质资本的水平，预计结果为正，数据来源于国家统计局。

（6）基础设施（GL），控制变量。基础设施对出口技术结构的影响如前所述，本书选取二级公路里程表示，数据来源于国家统计局，预计影响结果为正。

（7）开放度指标（OPEN），控制变量。根据 Baldwin 等（2003）、Fujita 等（1999）、Head 和 Mayer（2004）的观点，开放程度越高，贸易成本将会越低。开放程度越高，企业越有机会通过参与国际贸易学习更多先进技术和先进管理经验。本书以各省进出口额与 GDP 的比值来表示贸易开放程度，数据来源于国家统计局，预计结果为正相关。

6.3 回归结果

6.3.1 描述性统计

由模型中各变量的描述性统计分析（见表 6 - 1）可知，出口复杂度（LNex-py）的均值为 10.63，标准差为 0.223，最小值为 10.05，最大值为 10.94，表明

我国制造业出口技术结构升级的机制和对策研究

出口复杂度的数据比较集中。研发投入（LNRD）的均值为 10.88，标准差为 1.322，表明不同地区之间的研发投入差异比较明显。人力资本（LNMid）的均值为 2.008，最小值为 -1.371，最大值为 2.984，表明各省人力资本差距较大。

表6-1 模型中各变量的描述性统计分析

变量	Obs	Mean	Std. Dev.	Min	Max
LNexpy	217	10.63	0.223	10.05	10.94
LNRD	217	10.88	1.322	6.986	13.16
LNHC	217	2.008	0.473	-1.371	2.984
LNGNZ	217	0.983	0.444	-0.383	2.035
LNOPEN	217	5.620	0.962	3.994	7.782
LNFDI	214	12.32	2.147	4.658	15.09
LNGL	217	9.027	0.788	6.859	10.17

6.3.2 相关性分析

为了检验各变量之间的相关程度，在回归之前，对各变量进行了相关性分析（见表6-2）。下表是样本中变量的相关系数矩阵。由各变量之间的相关系数可以知道，出口复杂度与研发投入的相关系数为 0.3033，在 5% 的显著性水平下显著，表明了没有其他变量影响的情况下，研发投入能够促进出口复杂度的提高，初步验证了假设。出口复杂度与人力资本的相关系数为 0.5739，在 5% 的显著性水平下显著正相关。出口复杂度与各控制变量在 5% 的显著性水平下均显著正相关。另外，解释变量与控制变量之间的相关系数大部分不是很高，一般认为相关系数的绝对值在 0.8 以下不存在严重的多重共线性问题，所以模型不存在严重的多重共线性问题，此时的回归估计是有效的。

表6-2 相关性分析

变量	LNexpy	LNRD	LNLHC	LNGNZ	LNOPEN	LNFDI	LNGL
LNexpy	1						
LNRD	0.3033*	1					

· 120 ·

续表

变量	LNexpy	LNRD	LNLHC	LNGNZ	LNOPEN	LNFDI	LNGL
LNHC	0.5739 *	0.3673 *	1				
LNGNZ	0.7564 *	0.2036 *	0.6013 *	1			
LNOPEN	0.2754 *	0.5393 *	0.4275 *	0.1787 *	1		
LNFDI	0.1836 *	0.5677 *	0.0205	0.2689 *	0.1437 *	1	
LNGL	0.1455 *	0.6364 *	0.0435	0.133	− 0.0764	0.5640 *	1

6.3.3 单位根检验

为防止"伪回归"现象，本书对所选变量进行平稳性检验。本书面板数据的平稳性检验主要采用 LLC、Fisher – ADF、Fisher PP 三种检验方法，三种方法的原假设均是序列存在单位根，即数据是非平稳的。对模型中各变量进行取自然对数处理。检验结果如表 6 – 3 所示。

表 6 – 3 平稳性检验

变量	LLC 检验		Fisher – ADF 检验		FisherPP 检验		结论
	Statistic	p – value	Statistic	p – value	Statistic	p – value	
LNexpy	− 32.0637	0.0000	994.9541	0.0000	1179.0356	0.0000	平稳
LNRD	− 1.2e + 03	0.0000	333.8184	0.0000	134.2562	0.0000	平稳
LNL_Col	− 24.1967	0.0000	277.4871	0.0000	470.2310	0.0068	平稳
LNGNZ	− 14.1226	0.0000	128.1966	0.0000	117.5103	0.0000	平稳
LNOPEN	− 11.4686	0.0000	144.8066	0.0000	175.1908	0.0000	平稳
LNFDI	− 13.3458	0.0000	684.5046	0.0000	334.5938	0.0000	平稳
LNGL	− 33.1701	0.0000	240.4182	0.0000	122.0349	0.0000	平稳

由检验结果可知，各变量在 LLC、Fisher – ADF、Fisher PP 三种检验方法下的检验 P 值均小于 0.01，均通过了 1% 的显著性水平，拒绝了"存在单位根"的原假设，说明各变量都是平稳的，也说明各变量可以直接回归，不会造成伪回归现象。

6.3.4 出口技术结构升级的静态面板回归

对面板数据进行回归之前，需要选择具体的模型，本书首先使用 F 检验来检验选择混合回归模型还是个体效应模型；其次进行 Hausman 检验，检验是选择固定效应模型还是随机效应模型。检验结果如表 6-4 所示：

表 6-4　模型检验

	Statistic	Prob
F 检验	447.31	0.0000
Hausman	42.37	0.0000

由检验结果可知，F 检验的 P 值为 0.0000，拒绝"选择混合回归"的原假设，说明样本数据适合建立个体效应模型；Hausman 检验结果显示，伴随概率为 0.0000，远小于 5% 的显著性检验水平，说明了固定效应模型优于随机效应模型，综上所述，最终选择了固定效应模型，继续对固定效应模型进行异方差检验（见表 6-5）。

表 6-5　异方差检验

H0：sigma（i）^2 = sigma^2 for all i
chi2（31）= 33414.18
Prob > chi2 = 0.0000

检验结果显示，伴随概率为 0.0000，强烈拒绝"存在同方差"的原假设，说明模型存在异方差。为了减弱存在的异方差，本书采用 STATA 中的 XTSCC 命令，以矫正异方差带来的影响。

为了确保回归估计结果的稳健性，本书将控制变量 LNGNZ、LNOPEN、LNGL 逐个加入模型，以进行对比分析。

由国家层面面板回归估计结果（见表 6-6）可以发现，内部影响因素研发投入和人力资本都与出口复杂度显著正相关。在 4 个方程中，研发投入（LNRD）的弹性系数均通过了 1% 的显著性水平检验，且均显著为正，表明研发投入的增加在一定程度上促进了中国出口技术结构的提高。人力资本（LNHC）同样通过了 1% 的显著性水平检验，说明了人力资本的增加会促进中国出口技术结构。外部影响因素外商直接投资（LNFDI）与出口复杂度显著正相关，在 1% 的水平上显著，但其影响明显小于内部因素对出口复杂度的影响程度。说明了虽然外商直接投资推动了中国出口技术结构的升级，但中国内部条件的作用明显大于外部作用。

对于控制变量，物质资本存量（LNGNZ）、开放程度（LNOPEN）、基础设施（LNGL）对中国出口技术结构均存在显著的正向影响。从回归结果中可以看出，物质资本存量的系数为 0.412，是影响出口技术结构的因素中系数最大的，这与陈晓华（2011）的结论相似，也说明了我国出口比较优势由劳动密集型向资本密集型转化，但距离知识密集型还有很大的距离，促进出口技术结构升级的重要力量仍然是资本。

表 6-6　国家层面面板回归估计结果

变量	(1)	(2)	(3)	(4)
	LNexpy	LNexpy	LNexpy	LNexpy
LNRD	0.605 ***	0.177 ***	0.175 ***	0.179 ***
	(17.48)	(10.34)	(8.61)	(9.75)
LNHC	0.247 ***	0.0892 ***	0.0745 ***	0.0754 ***
	(5.74)	(4.65)	(3.04)	(3.05)
LNFDI	0.105 ***	0.0507 ***	0.0449 ***	0.0447 ***
	(5.20)	(4.89)	(5.65)	(5.68)
LNGNZ		0.439 ***	0.439 ***	0.412 ***
		(19.07)	(21.11)	(18.23)
LNOPEN			0.0652 ***	0.0662 ***
			(3.59)	(3.26)
LNGL				0.116 ***
				(5.57)
_cons	2.251 ***	7.466 ***	7.218 ***	6.152 ***
	(4.83)	(28.45)	(20.52)	(29.64)
R^2	0.7908	0.9334	0.9371	0.9381
F	1075.9	2881.6	25274.7	62752.2
p	0.0000	0.0000	0.0000	0.0000

t statistics in parentheses

注：* $p < 0.1$，** $p < 0.05$，*** $p < 0.01$。

由前文可知，研发投入、人力资本、物质资本存量、开放程度、外商直接投资、基础设施对中国出口技术结构均具有显著的影响，在同一方程中，物质资本存量的弹性系数最大，其次是开放度、基础设施。因此，在本节将这几个关键变量进行分段回归，将2009～2011年分为一组，2012～2015年分为一组，以探寻其动态趋势。

在两组回归中，研发投入的弹性系数均通过了1%的显著性检验，且均为正，说明研发投入确实对中国出口技术结构升级存在显著的推动作用，从估计系数的趋势上看，2012～2015年研发投入弹性系数小于2009～2011年的弹性系数，说明研发投入对出口技术结构升级的作用下降。人力资本的弹性系数均通过了1%的显著性水平，且均显著为正，说明了人力资本确实对中国出口技术结构存在显著的推动作用，从估计系数的趋势上看，2012～2015年人力资本积累的弹性系数大于2009～2011年的弹性系数，说明了人力资本对中国出口技术结构的影响是越来越明显的。综上可以看出，随着经济的不断发展，人力资本（本书选择了受教育程度来衡量）对出口技术结构升级的影响越来越大，研发投入在早期阶段作为外部激励力量具有更重要的作用。

物质资本存量、开放程度、外商直接投资的弹性系数均随着年份的增加而下降，说明物质资本存量、开放程度、外商直接投资对中国出口技术结构的促进作用越来越小，人力资本、基础设施对中国出口技术结构的促进作用越来越大。说明随着经济的发展，知识的作用越来越大。

表6－7 分阶段回归

变量	(1)	(2)
	2009～2011年	2012～2015年
LNRD	0.269***	0.121***
	(9.63)	(9.01)
LNHC	0.0171*	0.0379
	(1.76)	(1.19)
LNGNZ	0.440***	0.359***
	(25.53)	(8.67)

续表

变量	(1)	(2)
	2009~2011 年	2012~2015 年
LNOPEN	0.212***	0.00983
	(13.05)	(.20)
LNFDI	0.0645***	0.0211**
	(7.41)	(2.43)
LNGL	0.0759***	0.142
	(4.95)	(1.20)
_ cons	4.579***	7.322***
	(18.14)	(6.53)
R^2	0.9164	0.9075
F	396.2	316.8
p	0.0000	0.0000

t statistics in parentheses
注：* $p < 0.1$，** $p < 0.05$，*** $p < 0.01$。

我国不同区域出口技术结构深化的动因可能不完全相同，为了研究不同区域出口技术结构深化的动因，本书将各省份划分为东部、中部和西部三组，对内部影响因素分别进行回归。

6.3.4.1　东部地区

东部省份回归结果表明，研发投入对中国出口技术结构在1%水平显著为正，与国家层面相比，研发投入对中国出口技术结构的拉动作用相对较小，东部经济相对中西部发达，研发投入也较多，但达到一定程度时，这种作用就会相对弱一些。人力资本对中国出口技术结构仍存在显著的正向作用，这种正向作用强于全国层面的正向作用，说明促进东部地区出口技术结构升级的关键因素是人力资本的积累。

物质资本存量、开放程度、外商直接投资对中国出口技术结构仍存在显著的拉动作用；外商直接投资的推动作用比较大，说明东部地区的外来技术溢出对出口技术结构升级的作用较大；基础设施的弹性系数虽为正，但变得不显著，说明在东部地区，基础设施对中国出口技术结构的推动作用不明显。

表 6-8　东部地区面板数据回归结果

变量	(1)	(2)
	LNexpy	LNexpy
LNRD	0.121 ***	
	(6.64)	
LNGNZ	0.334 ***	0.334 ***
	(10.96)	(28.49)
LNOPEN	0.102 ***	0.0800 *
	(3.21)	(2.07)
LNFDI	0.374 ***	0.355 ***
	(9.35)	(8.42)
LNGL	0.0405	0.0885
	(0.42)	(0.83)
LNHC		0.125 ***
		(3.31)
_ cons	3.025 **	4.109 ***
	(2.69)	(3.67)
R^2	0.9466	0.9500
F	23578.6	8527.8
p	0.0000	0.0000

t statistics in parentheses
注：* $p<0.1$，** $p<0.05$，*** $p<0.01$。

6.3.4.2　中部地区

中部省份的回归结果显示，人力资本的回归系数大于研发投入的回归系数，说明中部地区促进出口技术结构升级的主要动因是人力资本积累。且中部地区人力资本弹性系数相比东部地区小，且研发投入的弹性系数比东部地区小，说明了中部地区人力资本对出口技术结构的促进作用弱于东部地区，研发投入对出口技术结构的促进作用也弱于东部地区。与东部地区一样，物质资本存量、开放程度、外商直接投资对中国出口技术结构仍存在显著的推动作用，开放程度和外商直接投资对中国出口技术结构的推动作用差异不大，基础设施对中部出口技术结构的推动作用相对较小。

表6-9 中部地区面板数据回归结果

变量	(1)	(2)
	LNexpy	LNexpy
LNRD	0.0651 **	
	(2.78)	
LNGNZ	0.318 ***	0.311 ***
	(23.00)	(11.64)
LNOPEN	0.189 ***	0.186 ***
	(10.77)	(6.97)
LNFDI	0.175 ***	0.147 ***
	(16.27)	(11.83)
LNGL	0.100	0.0569 *
	(1.17)	(2.04)
LNHC		0.116 ***
		(5.04)
_ cons	5.393 ***	6.708 ***
	(5.33)	(23.37)
R^2	0.9818	0.9855
F	138427.2	10876.5
p	0.0000	0.0000

t statistics in parentheses

注：* $p<0.1$，** $p<0.05$，*** $p<0.01$。

6.3.4.3 西部地区

西部省份的回归结果表明，研发投入的弹性系数在1%的显著性水平显著为正，并且其弹性系数均大于东部地区和中部地区的弹性系数，表明了研发投入对中国出口技术结构的促进作用明显大于东部地区和中部地区。人力资本对中国出口技术结构的促进作用小于东部地区和中部地区，表明人力资本对西部出口技术结构的作用小于东部地区和中部地区。开放程度对中国出口技术结构的推动作用小于东部地区和中部地区；外商直接投资的弹性系数变为负，但没有通过显著性水平检验，表明在西部地区外商投资中对中国出口技术结构的促进作用不明显。基础设施的弹性系数在1%的显著性水平下显著为正，而右东部地区和中部地区却不显著，说明了西部地区基础设施是深化中国出口技术结构的一个重要因素，而在东部和中部地区这种推动作用却变得很小。

表 6 – 10　西部地区面板数据回归结果

变量	(1)	(2)
	LNexpy	LNexpy
LNRD	0. 231 ***	
	(8. 62)	
LNGNZ	0. 435 ***	0. 451 ***
	(21. 41)	(16. 01)
LNOPEN	0. 0873 ***	0. 0821 ***
	(3. 72)	(6. 39)
LNFDI	– 0. 0100	0. 00906
	(– 1. 13)	(1. 55)
LNGL	0. 188 ***	0. 232 ***
	(7. 49)	(9. 71)
LNL_ Col		0. 0493 **
		(2. 42)
_ cons	5. 932 ***	7. 539 ***
	(34. 69)	(47. 57)
R^2	0. 9557	0. 9508
F	30032. 2	8523. 2
p	0. 0000	0. 0000

t statistics in parentheses

注：* $p<0.1$，** $p<0.05$，*** $p<0.01$。

6.3.5　出口技术结构升级的动态面板回归

综合分析本书的被解释变量、解释变量和控制变量间的关系，发现三者之间可能因存在"互为因果"的关系造成内生性问题。如人力资本积累有助于出口技术结构升级，同时出口技术水平的提高也会促进人力资本积累。为此，本书采用两步最小二乘法（2sls）进行实证分析，以克服由内生性带来的估计结果的偏差。

由全样本的回归结果可以看出，中国出口技术结构的滞后一期对当期中国出口技术结构存在显著的正向影响，人力资本对中国出口技术结构在1%的显著性水平下存在同向变动，说明人力资本的增加能够促进中国出口技术结构的提高。外商直接投资同样对中国出口技术结构具有显著的促进作用。

由分区域的回归结果可以看出，中国出口技术结构的滞后一期对当期出口技术结构的影响在东部、中部和西部均存在显著的正向影响，其中，对东部的促进作用最明显，其次是中部地区，影响最小的是西部地区。人力资本在各区域中对中国出口技术结构均存在显著的促进作用，这种促进作用最明显的是西部地区，其次是中部地区，最后是东部地区。外商直接投资对中部和西部的推动作用较东部地区明显。物质资本存量的回归系数在东部地区虽为负，但不显著，对中部地区的出口技术结构起到了抑制作用，而对西部地区的出口技术结构起到了推动作用。基础设施对东部地区起到了抑制作用，对中部地区起到了促进作用，对西部地区的影响不明显。

表6-11 动态面板回归结果

变量	(1)	(2)	(3)	(4)
	全样本	东部	中部	西部
L . LNexpy	0.708***	0.765***	0.623***	0.606***
	(21.22)	(14.65)	(7.18)	(8.45)
LNRD	-0.00675	0.00970	0.0158	0.0125
	(-0.32)	(0.29)	(0.47)	(0.30)
LNL_ Col	0.0653***	0.0610**	0.0638*	0.0665***
	(4.55)	(2.08)	(2.02)	(3.25)
LNFDI	0.0240***	0.0274	0.133***	0.0180*
	(3.39)	(1.03)	(6.37)	(1.92)
LNGNZ	0.0100	-0.00682	-0.0986*	0.0752*
	(0.46)	(-0.20)	(-1.76)	(1.88)
LNOPEN	0.00939	0.0258	0.0230	0.0155
	(0.96)	(1.00)	(0.83)	(1.07)

续表

变量	（1）	（2）	（3）	（4）
	全样本	东部	中部	西部
LNGL	0.0383	−0.136*	0.149**	0.0674
	(1.07)	(−1.97)	(2.53)	(1.20)
_cons	2.422***	3.049***	0.565	3.055***
	(5.60)	(3.89)	(0.53)	(4.75)
R^2	0.983	0.988	0.994	0.982
F	1206.1	673.4	525.3	404.6
p	$5.70e-163$	$4.75e-59$	$4.54e-25$	$2.25e-49$

t statistics in parentheses

注：$*p<0.1$，$**p<0.05$，$***p<0.01$。

在两组回归中，中国出口技术结构滞后一期的回归系数均通过了1%的显著性水平，且均显著为正，说明了中国出口技术结构滞后一期对当期中国出口技术结构存在显著的促进作用，说明了上期的中国出口技术结构会对当期的出口技术结构产生正向影响。2009~2011年中国出口技术结构滞后一期的回归系数大于2012~2015年的回归系数，说明了上期的中国出口技术结构对当期中国出口技术结构的影响是越来越弱的，随着时间的推移，这种正向影响也会越来越小。研发强度的回归系数在两组回归中虽均为正，但都没有通过显著性水平检验，说明加入中国出口技术结构的滞后一期后，研发强度对中国出口技术结构的影响会变得不明显。人力资本的回归系数在2009~2011年回归中为负，但不显著，在2012~2015年显著为正，通过了5%的显著性水平检验，说明了随着时间的推移，人力资本对中国出口技术结构表现得越来越重要，并且会对中国出口技术结构起到一定的促进作用。

物质资本存量、开放程度、外商直接投资的回归系数均随着年份的增加而下降，说明物质资本存量、开放程度、外商直接投资对中国出口技术结构的促进作用越来越小。

继续选用2sls来进行回归。结果如表6-13所示，由全样本的回归结果可以看出，中国出口技术结构的滞后一期对当期中国出口技术结构存在显著的正向影响，人力资本对中国出口技术结构在5%的显著性水平下存在正向影响，说明人

表 6 – 12　分段回归结果

变量	(1)	(2)
	2009~2011 年	2012~2015 年
L. LNexpy	0.927***	0.634***
	(9.99)	(13.52)
LNRD	0.0443	0.0421
	(0.70)	(2.59)
LNL_ Col	−0.0267	0.0408**
	(−0.87)	(2.25)
LNFDI	0.0332*	0.000877
	(1.88)	(0.11)
LNGNZ	0.129*	0.0590**
	(1.99)	(2.04)
LNOPEN	0.0671	0.00546
	(1.56)	(0.59)
LNGL	−0.0473	0.0369
	(−0.74)	(0.64)
_ cons	0.0350	2.990***
	(0.04)	(4.34)
R^2	0.975	0.971
F	132.3	393.6
p	1.13e − 20	1.35e − 79

t statistics in parentheses
注：* p < 0.1，** p < 0.05，*** p < 0.01。

表 6 – 13　2sls 回归结果

变量	(1)	(2)	(3)	(4)
	全样本	东部	中部	西部
L . LNexpy	0.792***	0.779***	0.691***	0.770***
	(63.76)	(50.99)	(8.84)	(28.97)
LNRD	0.0000471	−0.00494	−0.0194	0.00750
	(0.01)	(−0.76)	(−1.53)	(1.15)
LNHC	0.0170**	0.0376**	0.0902***	0.0297**
	(2.23)	(2.28)	(2.73)	(2.00)

续表

变量	（1） 全样本	（2） 东部	（3） 中部	（4） 西部
LNFDI	0.00200 （1.63）	0.00128 （1.18）	0.0380*** （3.13）	0.00310 （0.85）
LNGNZ	−0.00897 （−1.15）	−0.0142 （−1.58）	−0.0237 （−0.55）	0.00401 （0.24）
LNOPEN	−0.00372 （−1.27）	−0.00822 （−1.36）	0.0243 （1.52）	0.00922 （1.46）
LNGL	0.00105 （0.26）	0.00647 （0.81）	0.0313** （2.38）	−0.0116 （−1.43）
_cons	2.264*** （17.76）	2.408*** （15.94）	2.508*** （3.82）	2.422*** （9.30）
R^2	0.980	0.987	0.985	0.979
Wald	9193.27	5652.55	2338.71	3366.92
p	0.0000	0.0000	0.0000	0.0000

t statistics in parentheses

注：$*p<0.1$，$**p<0.05$，$***p<0.01$。

力资本的增加能够促进中国出口技术结构的提高。与前文回归结果一致。在分区域的回归结果中，中国出口技术结构的滞后一期对当期出口技术结构的影响在东部、中部和西部均存在显著的正向影响，其中，对东部的促进作用最大，其次是西部地区，影响相对较小的是中部地区。

人力资本在各区域中对中国出口技术结构均存在显著的促进作用，这种促进作用最明显的是中部地区，其次是东部地区，最后是西部地区。外商直接投资对中部的促进作用较东部和西部地区明显。基础设施对中部地区起到了促进作用，对东部和西部地区的影响不明显。

为验证模型的稳健性，R&D研发人员代替R&D研发投入进行回归，并得出了一致的结果。

6.4 结论和建议

6.4.1 主要结论

从以上我国出口技术结构影响因素的实证分析和分区域的实证研究中可以得出以下结论：

第一，从总体上来看，内部影响因素研发投入和人力资本积累是促进出口技术结构升级的关键因素，外部影响因素外商直接投资的作用较小。物质资本积累、基础设施、开放程度都显著促进了出口技术结构的升级，物质资本存量对我国出口技术结构的影响最大，说明了我国出口比较优势由劳动密集型向资本密集型转化，但距离知识密集型还有很大的距离，促进出口技术结构升级的重要力量仍然是资本。

第二，从时间变化上来看，人力资本积累和基础设施对出口技术结构的促进作用逐渐增强，物质资本积累、外商直接投资、开放程度、研发投入的作用在下降。说明随着经济的发展，人力资本在出口技术结构升级的作用越来越大，人力资本（本书选取了受教育程度）是出口技术结构升级的核心影响因素，研发投入作为外在激励作用在初始阶段更有利于出口技术结构的升级。究其原因，是因为出口技术结构升级是全方位的提升过程，不仅包含技术创新，还包括管理创新、流程创新、模式创新等，人力资本的作用贯穿于创新的方方面面，而研发投入对技术创新的作用更为突出和集中。

第三，从区域来看，人力资本积累对出口技术结构升级的作用，东部地区最大，中部地区次之，西部地区最小。研发投入对出口技术结构升级的作用，西部地区最大，东部地区次之，中部地区最小。开放程度对出口技术结构升级的作用，中部地区最大，东部地区次之，西部地区最小；东部地区外商直接投资促进出口技术结构升级的系数最大，影响最大，西部地区外商直接投资对出口技术结构的作用不显著，说明我国东部地区经济最发达也是改革开放的前沿，外商直接投资较大，促进了东部地区的出口技术结构升级。

6.4.2 政策建议

第一，加大重点行业研发投入，特别是高技术产业研发投入，鼓励企业积极参与创新，对创新型企业采取税收优惠政策。科研机构、学校、企业各层面不同侧重地参与研发创新，科研机构和学校更注重基础科学的研究，横向课题与纵向课题并重，企业把更多的研发精力放在应用环节创新上，从产品创新、管理创新、模式创新等各方面积极推动制造业出口技术结构升级。

第二，始终重视人才培养和人才引进。内生增长理论认为创新是经济增长的源泉，人力资源是经济增长的核心。无论是经济增长还是出口技术结构升级都离不开人才这一重要因素。一方面，始终重视人才培养，加大教育投入，逐步将高中纳入义务教育范围，引入社会资源开办各种类型教育；另一方面，加大人才引进力度，无论是海外华人还是外国人，给高技术人才提供优越的科研环境和创业环境，给予外籍人才更好的归属感。

第三，创新开放新格局。开放带来进步，封闭必然落后。东部地区作为我国改革开放的前沿，已经从开放中获得了可见的经济利益。在"一带一路"倡议的指导下，进一步推动开放，中部地区发挥好自由贸易区的作用，发展航空经济和高铁经济，利用其后发优势吸收更多先进制造业服务业；西部地区开放沿边地区，深化我国与周边国家和地区的合作，特别是加强与中亚地区的经济合作。

第四，提高 FDI 的流入质量，引导国内外投资流向中西部地区。全球 FDI 减少，我国制造业的 FDI 也明显下降，在这种形势下，要提高 FDI 的流入质量，不能一味地强调数量，引导外资向重点行业流入，向中西部地区流入。

7 结论、政策建议及研究方向

7.1 本书的主要结论

出口技术结构的优化升级是全球价值链分工体系下各国对外贸易首要考虑的因素，本书通过对我国制造业出口技术结构的演进、现状分析，以及出口技术结构升级的机理机制的研究和实证检验，得出以下主要结论：第一，我国制造业出口技术结构逐渐提升，但仍处于价值链分工的低端；第二，人力资本和创新能力是出口技术结构升级的关键；第三，我国出口技术结构行业发展不协调，区域间有较大差距；第四，金融发展和外商直接投资是支持出口技术结构升级的重要力量。据此，本章提出以下政策建议并指出进一步的研究方向。

7.2 政策建议

出口技术结构升级的核心是创新，创新始终是一个国家一个民族发展的重要力量，也始终是推动人类社会进步的重要力量。出口技术结构升级不仅体现在技术创新上，也体现在模式创新、方式创新和制度创新等各个方面。技术创新是出口结构升级的核心，是经济增长的重要力量，我国制造业出口技术结构升级要紧紧围绕打造全面开放新格局的战略部署，加快对外开放步伐，鼓励自主创新与技术引进相结合。提高外资利用质量的同时，政府要加大财政税收支持自主创新，为创新提供人力、资本和制度等方面的支持。发挥重点产业的引领作用，带动出口技术结构的全面升级。鼓励制造业与互联网的协同发展，创新制造业经营模式。

7.2.1 打造全面开放新格局，向价值链高端迈进

在"逆全球化"涌动、贸易保护主义上升、国际环境多变的背景下，我国出口技术结构升级要依托全面开放的格局。党的十九大报告提出，"推动形成全面开放新格局"，中国开放的大门不会关闭，只会越开越大。以"一带一路"倡议为依托，进一步扩大对外开放，提高外资利用质量是我国出口技术结构升级的重要途径。

首先，"引进来"与"走出去"并重。日本战后制造业的"小内需大外需"的特点，以及日本出口对美国的严重依赖性，导致"广场协议"后日本出口的大幅度减少，进入经济滞胀期，出口技术结构也基本维持不变。因此，我国在发展中美贸易的同时，要形成全面开放新格局，以"一带一路"建设为重点，坚持"引进来"与"走出去"并重。在"走出去"方面，对外直接投资以扩大国际产能合作为核心，以"一带一路"基础设施建设为重点，既满足"一带一路"国家的需求，也实现了我国的产能转移，促进出口技术结构的升级；"引进来"方面要放宽市场准入，有顺序地扩大服务业对外开放，保护外商投资合法权益，不仅要引资，也要引进人才，对来华就业的高技术人才不仅要做到经济激励，也要使其在华工作有归属感，例如解决配偶工作、解决子女就学等方面。

其次，进一步扩大开放。在自由贸易试验区的基础上，成立自由贸易港，给予更大的自主权，按国际标准建立更高水平的自由贸易港。推动我国制造业出口技术结构升级就更要在开放格局下培养核心竞争力。出口企业要从供给侧发力，从质量、技术、品牌等生产环节入手，培养发展新的竞争优势。

最后，优化营商环境。吸引外资和对外投资的技术溢出和反技术溢出效应有效地促进了技术创新和出口结构的优化，然而，近些年来，我国对外投资增长迅

速，但制造业的外资实际利用减少。积极引进外资既有利于弥补资金不足又可以通过技术溢出效应促进技术创新。《39 号文》指出政府要减少外资准入限制，促进投资便利化和人才的自由流动，通过财政税收支持政策进一步完善各级开发区的综合投资环境，优化营商环境。打造良好的营商环境，既是为引进外资提供更好的环境和平台，也是供给侧结构性改革的要求。我国 2017 年营商环境总体排名 78，比 2016 年进步 2 位次。其中开办企业排名 127，排名靠后的原因是开办企业耗时长；办理施工许可证排名 177，排名靠后的原因也是办理时间长；纳税排名 131，纳税排名靠后的原因一方面是时间长，另一方面是应税总额高。我们要进一步通过简政放权、放管结合、优化服务等措施为来华企业提供高效服务，对急需引进的行业给予税收优惠，为外资企业提供更好的运营环境。

7.2.2 鼓励企业自主创新，实现创新驱动发展

当前，发达国家纷纷实施再工业化战略，着力打造信息化背景下国家制造业竞争的新优势，新一轮科技革命和产业变革正在孕育兴起。我国已成为全球制造业第一大国，但制造业大而不强，在核心技术、产品附加值、产品质量、资源利用和环境保护方面与发达国家先进水平还存在较大差距。2016 年《全球创新企业 100 强》中我国仅华为一家企业上榜，2015 年这一数字为零，日本、美国创新企业百强中依然占据大数。2012 年党的十八大明确提出："科技创新是提高社会生产力和综合国力的战略支撑，必须摆在国家发展全局的核心位置。强调要坚持走中国特色自主创新道路，实施创新驱动发展战略。"制造业出口结构升级的源泉是技术创新，技术创新的核心则是人力资源的积累。由于技术进步的外部性，企业往往缺乏技术创新的动力。从基础研究、开发研究到应用研究的技术推广，投入大、周期长，企业缺乏自主创新的积极性，需要政府给予机制和体制各方面的支持，鼓励企业自主创新，激发企业自主创新动力。激发创新动力可以从三个层面着手：

（1）国家层面，打破机制束缚，系统地、全面地优化"双创"生态环境，为出口技术结构升级、质量效益提升、新旧动能转换提升创造空间。具体表现为：第一，进一步加大研发投入。从发达国家的经验来看，创新型国家都需要大量的研发投资，中国也不例外，要想实现创新驱动型发展，必须进一步加大研发

投资。如第 5 章的数据显示，我国近年来研发投入增长较快，研发投入占 GDP 的比重已经达到世界平均水平，但距离发达国家还有相当大的距离。因此，在各个层面，无论是科研机构、高校还是企业加大研发投入，政府高度重视研发投入的同时引导社会资金进入研发领域，研发投入的支持都是实现创新的必备条件。第二，重视基础研究领域。直接加大研发投入的同时，政府通过财政税收等手段给予资金支持，特别是基础研究领域，可以考虑股权激励等措施激发基础研究人员的积极性和成就感。在经费投入结构上，全国 2015 年基础研究经费 822.9 亿元，比 2014 年增长 14.9%；应用研究经费 1610.5 亿元，比 2014 年增长 5.4%；试验发展经费 13243.4 亿元，比 2014 年增长 11.1%。基础研究经费支出所占比重最小为 5.2%，与发达国家的 15%～25% 的占比还有相当大的差距。一般来讲，先有基础研究，才能被应用到具体领域，基础研究"十年磨一剑"甚至需要几代人为之奋斗。与应用研究相比，基础研究不确定性大、耗时长，短期内难以取得应用成果获得商业利润，因此企业在基础研究经费投入的积极性较差。因此，政府在加大研发投入规模的同时，需要在基础研究领域加大经费投入，提高基础科研人员的工资水平。第三，调动人员的积极性。创新驱动发展，要以科技创新为核心，产业创新、金融创新、模式创新、管理创新相结合，优化政策制度，优化资源配置，调动广大科技工作人员的积极性，全面释放各领域的创新活力。第四，加强知识产权保护。鼓励企业间建立技术合作制度，建立合理的退出机制，推动出口结构转型升级。第五，提供相应配套措施，例如科研环境、团队建设、配偶就业、社会认可以及个人价值实现等方面，吸引海外高技术人才来华就业定居，对于外籍高技术人才还要考虑包容性和融和性问题。

（2）产业层面，推动制造业与互联网的有机结合，美国的先进制造企业、德国的工业 4.0 等无疑聚焦于制造业的下一次革新——智能制造。智能技术与制造业的结合必然要求制造业与互联网的有机融合，通过工业大数据的支持，实现制造业"互联网 +"的协同发展。第一，充分发挥互联网聚集优化各类资源的优势，降低交易成本，组合先进要素，满足定制化需求，创新制造业发展的新模式。第二，打造信息共享平台，鼓励大型企业、地方产业基金和社会资本参与平台建设，实现制造、营销、物流的协同，减少生产流通损耗。中小企业更是可以利用其灵活性的特点，积极与互联网平台对接，减少中间环节，实现在线的协同与交易，满足客户的个性化需求。第三，提升产业智能化水平。不仅是制造工艺本身的智能化，还包括需求分析的智能化、投融资决策的智能化、跨地域跨市场整合生产资源的智能化。第四，具备全球视野。"中国智造"是在满足全球生产分工体系建设的过程中，我们对自身的定位，其发展过程更需要整合全球资源的视野和魄力。

（3）体系层面，产业链上下游和大中小微企业要实现有机融合，基础科学领域和应用技术研究有机衔接。我国仍然存在相当规模的国有企业，而国有企业的创新活力不如私营企业，专利申请相对于研发投入比例和专利授予相对于研发投入的比例都低于私营企业，但却获得了较多的补贴。与此同时，国有企业却面临更高的实际税率。因此为了激发创新活力，要减少政府补贴和税收，鼓励中小企业自主创新活动。

自主创新不仅体现为技术创新，也包括模式创新、方式创新和制度创新等各个方面。2017年2月底，我国移动电话用户达13.3亿户，移动互联网用户达11.2亿户。2016年，我国移动支付金额超过208万亿元，世界第一。移动互联网的发展为制造业发展的模式创新、方式创新奠定了坚实的基础。

7.2.3 全面深化教育改革，培育创新人才队伍

创新取决于创造性人才，创新型人才取决于教育，教育决定未来。创新驱动发展本质上是人才的培养，我国要全面推进教育改革，培育创新人才队伍，提高劳动者技能，以人力资本积累促进制造业出口技术结构升级。

7.2.3.1 增加教育支出，提升教育质量

第一，增加教育支出，重视人力资源积累的长效机制。基于前面出口技术结构升级的机制模型分析，熟练劳动力可以促进出口技术结构升级，人才是创新的关键。我国虽然劳动力资源丰富，但人口结构中非熟练劳动力居多，为培育创新人才，必须重视人力资本的投资，特别是教育的投资，促进人力资本的积累，打通出口技术结构升级的通道。表7－1显示，我国1993年教育经费合计1059.94亿元，同比增长22.25%，2016年教育经费合计38888.39亿元，同比增长7.64%，1993～2016年教育经费年均增长17.37%，2013年后增长速度放缓。国家财政性教育经费合计在1993年为867.76亿元，同比增长19.08%，占教育经

费支出的 81.87%，2016 年国家财政性教育经费合计 31396.25 亿元，同比增长 7.44%，占教育经费支出的 80.7%，国家财政性教育经费是教育经费支出的主要组成部分，平均占教育经费的 72.39%。

表 7-1　教育经费支出情况统计

年份	教育经费合计（亿元）	教育经费合计：同比（%）	国家财政性教育经费（亿元）	国家财政性教育经费：同比（%）
1993	1059.94	22.25	867.76	19.08
1994	1488.78	40.46	1174.74	35.38
1995	1877.95	26.14	1411.52	20.16
1996	2262.34	20.47	1671.70	18.43
1997	2531.73	11.91	1862.54	11.42
1998	2949.06	16.48	2032.45	9.12
1999	3349.04	13.56	2287.18	12.53
2000	3849.08	14.93	2562.61	12.04
2001	4637.66	20.49	3057.01	19.29
2002	5480.03	18.16	3491.40	14.21
2003	6208.27	13.29	3850.62	10.29
2004	7242.60	16.66	4465.86	15.98
2005	8418.84	16.24	5161.08	15.57
2006	9815.31	16.59	6348.36	23.00
2007	12148.07	23.77	8280.21	30.43
2008	14500.74	19.37	10449.63	26.20
2009	16502.71	13.81	12231.09	17.05
2010	19561.85	18.54	14670.07	19.94
2011	23869.29	22.02	18586.70	26.70
2012	28655.31	20.05	23147.57	24.54
2013	30364.72	5.97	24488.22	5.79
2014	32806.46	8.04	26420.58	7.89
2015	36129.19	10.13	29221.45	10.60
2016	38888.39	7.64	31396.25	7.44

资料来源：统计局网站。

在政府增加教育经费投入的基础上，积极拓展教育资金来源，鼓励社会资金参与教育投资，对于经济发达地区在经济发展到一定程度要尤其重视人力资本的积累，重视教育的投资，为出口技术结构升级提供长期持续发展动力。如图 7 - 1 所示，最新一期的 PPP 公告，我国教育类项目数达到 689 个，FPP 教育类投资额 2955.75 亿元，占我国 2016 年教育经费支出的 7.6%，应继续推广 PPP 教育类投资，扩大社会资金参与教育投资的项目和数额。

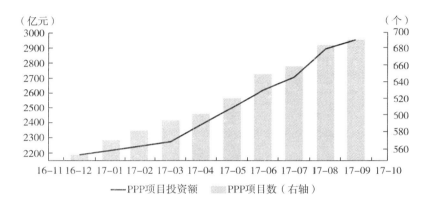

图 7 - 1　教育类 PPP 投资项目数及投资额

资料来源：Wind 资讯。

第二，全面提升教育质量。我们定义人力资本的通常做法是计算平均受教育年限，或者以某教育水平的入学率来衡量，这就使得人力资本的衡量具有局限性，创新型人才的培养除了知识教育之外，还取决于教育环境和方法。在我国应试教育体制下，学生为了好的成绩，考入更好的学校，学习目的就变成了考出好成绩，老师教育的目的变成了给出标准答案，虽然作为选拔成绩不可避免，但是在整个教育过程中要始终贯彻素质教育，让学生学会在掌握某种知识的基础上，扩展知识体系，优化知识结构，同时尽可能保护学习的好奇心和想象力。体现在教育质量上，我国职业院校培养了大量的劳动力，为我国"入世"后出口技术结构的升级起到了一定的促进作用，但随着全球贸易的变化和我国劳动力价格优势的逐渐丧失，需要具有创新意识的人才，作为更深远地促进出口技术结构的人力资本培养，应减少职业教育的比重，增加高等教育的比重，引入社会资本开办高等教育。

7.2.3.2 高等教育内涵发展

制造业出口技术结构升级不仅取决于平均教育质量的提升，关键还取决于创新型人才的培养。大学教育水平直接关系到高技术人才的产出，我国的大学教育和发达国家相比还有相当大的差距。

美国拥有世界上最顶尖的科技公司，全球十大科技顶尖公司美国占据了八席，英特尔、微软深入我们生活的各个角落。在军工领域、航空航天领域、医学技术领域等，美国拥有全球最顶尖的实验室。美国的经济、军事实力，科研创新能力毋庸置疑地以压倒性优势稳居世界之首。其根本原因在于其强大雄厚的人力资本积累。迄今为止，美国的大学会集了全球 70% 的诺贝尔奖获得者，在全球 20 所最顶尖的大学中，美国占据了 17 所（清华大学排名 600 左右），美国大学培养了全世界最顶尖的科学家和最优秀的工程师。英国拥有世界上顶尖的航空发动机，在生物医药、航空航天、微电子、军工、环境科学领域也是位于世界一流行列。与之相对应，英国也拥有世界顶级的人才，英国的诺贝尔奖获得人数世界第二，世界最好的大学数量仅次于美国，在全球 200 所最好的大学中，美国 75 所，英国 32 所，这也是英国依然保持世界第二的科学技术最主要的原因。

我国在发展普惠教育的同时，要健全促进高等教育内涵发展的机制，尤其强调创新人才培养机制。第一，创新高校培养机制。高校应把重心集中到培养创新型人才上来，不断地提高自身人才培养的能力。不同类型的高校要探索自身发展的特点及优势，着重培养适应社会需要的创新型、复合型人才。第二，加强专业和学科建设。德国和法国的大学都是按专业排名的，每个学校都有自己擅长的专业。我国的高等教育抓住"双一流"建设的契机，充分发挥各自的优势，建设优质学科优秀专业，以学生为中心，重点关注学生怎么学、学什么、学得如何，真正做到教育以人为本。

7.2.4 加快制造业数字化发展，形成新的区域增长极

制造业的转型升级很难做到全行业统一步调，这就要求我们的政策要善于在行业布局上抓住"牛鼻子"。具体政策包括：

7.2.4.1 加快制造业数字化发展，促进制造业高质量发展

第一，抓住重点行业，形成集群效应。制造业出口技术结构升级不能胡子眉

毛一把抓，要切实抓好重点行业，突出重点行业的升级，形成集群效应。一是对行业基础好、科研能力有保障、国际市场有品牌的重点产业，比如高端工程机械、机车及配件制造、航天制造、轮船制造、军工产业等领域，加强政策鼓励和资源配置，进一步扩大市场影响和贸易份额，加快技术提升，带动周边产业的同步升级发展，形成集群效应。二是对新能源、新材料、生物科技、机器人、养老设备等未来潜力很大的战略性新兴产业加大前期投入，为技术研发和产品的产业化提供切实的机制保障，追赶并占领未来行业发展的技术高地。三是对传统行业加快技术升级改造，严格环保标准，淘汰过剩产能，保留牛高端产品的制造规模。

第二，"互联网＋先进制造业"实现高质量发展。当前，互联网创新发展和新一轮工业革命叠加，我国应努力促进互联网和制造业的融合发展，大力推进工业互联网平台建设，创新发展工业互联网，打造企业间协同共享的生态环境，实现高质量发展，促进制造业出口技术结构升级。一是建立健全工业互联网。发达国家纷纷抓住新一轮工业革命的机遇，加速布局工业互联网，构建数字工业新生态。工业互联网是新一代信息技术进步与制造业深度融合的产物，是深化"互联网＋先进制造业"的重要基石，是新工业革命的关键支撑。工业互联网对未来制造业发展产生全方位、深层次、革命性影响。工业互联网通过系统构建网络、平台、安全三大功能体系，打造人、机、物全面互联的新型网络基础设施，形成智能化发展的新兴业态和应用模式①。二是提高平台综合能力。我国工业互联网虽与发达国家几乎同步，但平台综合能力不强，要切实发挥工业互联网对制造业的促进作用，需要从建立标准化体系入手，提高企业数字化水平，发挥龙头企业的引领作用，夯实安全保障能力。深入推进"互联网＋先进制造业"的发展模式，有利于制造业加速智能制造的发展，促进传统产业升级，催生新模式、新业态；有利于促进互联网由虚拟经济领域向实体经济领域的发展，实现互联网从生活领域向生产领域跨越，拓展互联网经济空间。"互联网＋先进制造业"的模式不仅有助于提高制造业出口技术结构，也是实现制造业强国和实现高质量发展的重要基础。

---

① http：//www. miit. gov. cn/n1146290/n4388791/c5930249/content. html.

7.2.4.2　形成产业发展新的增长极

习近平总书记所作的党的十九大报告从我国区域发展新形势和决胜全面建成小康社会、开启全面建设社会主义现代化国家新征程的新要求出发，明确提出要实施区域协调发展战略。推进西部大开发形成新格局，深化改革加快东北等老工业基地振兴，发挥优势推动中部地区崛起，创新引领，率先实现东部地区优化发展。实现我国制造业出口技术结构升级，需结合区域协调发展战略，实现制造业传统优势从东部沿海向中西部的梯度转移，增强在新旧动能转换上的区域协调性，形成产业发展新的增长极。具体表现为以下几个方面：

第一，促进制度创新，优化要素配置。促进制度创新，充分发挥市场经济在要素配置中的决定性作用。生产要素跨区的自由流动是促进区域协调发展的关键。要进一步推进市场经济体制改革，破除限制生产要素自由流动的体制障碍和机制障碍，打破区域垄断和封锁，促进要素跨区域有序自由地合理流动，促进要素在各区域的优化配置。中西部地区应进一步深化改革，包括对外开放政策、投资政策、财税体制改革、金融体制改革等一系列政策措施，增强市场经济活力，形成经济发展的内在机制。中西部地区应健全人才引进机制，从激励政策、服务保障政策等各方面加大人才引进力度，形成经济发展的核心力量。

第二，扩大对外开放，注入发展活力。开创全面对外开放新格局，各区域充分发挥自身比较优势，积极推动沿边沿海、沿大江大河和沿重要交通干线的经济支撑带建设，通过经济支撑带建设带动区域联动发展，"以点带线，以线带面"，促进不同区域的经济社会协调发展。中部六省承东启西，连接南北，地理位置优越，米字形高铁使中部地区的区位优势更加突出。东部地区制造业向服务业转型，劳动力成本上升，东部地区"腾笼换鸟"，中部地区要加快产业转移承接，推动制造业出口技术结构升级。高铁的产业活力和经济效应逐渐显现，使人流、物流、资金流向中部汇集，强化各区域交通物流等基础设施的建设和完善，形成高铁经济圈。西部地区经济增速，"一带一路"倡议西部沿边地区迎来发展的新机遇，西部地区要优化区域开放布局，加大西部开放力度，提高与周边国家和地区的经济合作，积极开展边境贸易。在东部地区加强原有优势的基础上，积极推进创新，通过激励保障和户籍政策等加大人才引进力度，引进海外高技术人才，突出创新、人力资本在对外贸易转型中的作用，实现东部地区对外开放的新局面。

第三，强化平台支撑，促进协调发展。各类平台是区域协调发展的有力支撑和重要载体，在不断地实践当中产生了显著的经济效应，应认真总结前期的经验教训，克服薄弱环节，进一步推动重要平台建设。一是优化各类平台的空间设置。科学统筹国家级新区、自由贸易试验区、开放发展试验区、自主创新示范区等各类平台的布局。适当地向对外开放程度相对较低的中西部及东北地区倾斜，以促进地区新发展。二是强化平台的辐射效应。加强各类平台与周边地区的联动，以一个点辐射一片，带动周边经济发展。三是促进平台间协调联动。促进各类平台功能实现点、线、面间的连接互动，促进更多领域的协调发展。

7.2.5 推进金融改革发展，支持制造业创新发展

第一，建立多层次的资本市场。从我国社会融资规模的组成（见图 7 - 2）可以看出，虽然近些年新增人民币贷款在社会融资规模中有所下降，但新增人民币贷款依然是我国社会融资的主要形式，其次是企业债券融资、委托贷款和非金融机构企业境内股票融资。创新是高收益与高风险并存的，特别是一些创新型企业前期较难获得银行信贷支持，从主板市场获得融资也存在较大难度。因此资本市场对出口技术结构升级的重要性不言而喻。资本市场上，不同的投资者与融资者存在着对资本市场金融服务的不同需求，资本市场如何适应不同投融资者需求是关键，多层次的资本市场能够对不同风险特征的融资者和不同风险偏好的投资者进行分层、分类，以满足不同行者的投融资者的需求，并最大限度地增强市场效率和风险控制能力。健全多层次资本市场体系，继续优化主板、创业、中小企业板市场的制度安排，促进私募和创投基金的发展。

第二，创新金融产品，实现金融创新与科技创新相结合。一方面，金融市场的科技化程度不断提升，互联网金融企业对客户的风险识别技术和数据分析技术可以在更多的金融主体中运用，通过大数据不仅可以提高业务效率，也为商业银行业务重心的下移，积极参与创新型企业融资打下基础。另一方面，做好"股 + 债"的产品创新。将商业银行的资金成本优势、客户资产优势与非银行机构的产品牌照优势、风险投资技术优势相结合，利用股权、债权的联合融资促进初创型出口企业、政府参与的贸易园区建设、海外并购等需求的满足。

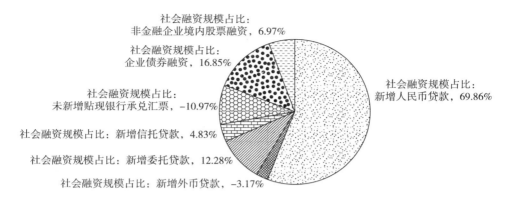

图 7 - 2　2016 年社会融资规模构成

第三，完善金融发展促进贸易结构改善的相关机制，在政策上做好保障。如完善股权和技术交易市场，搭建创新成果市场价值转化平台，科技成果只有尽快转化为生产力才能体现科技创新的市场价值，科技成果体现为一定的市场价值才能进一步获得项目支持，有利于技术结构提升与金融发展的互动良性循环。再如对技术改造、贸易促进类的融资资产在资产创设、流转、退出等环节给予便利性的支持，对重点的技术升级项目在税收优惠、财政补贴、行政审批等方面给予政策支持和倾斜等。

7.3　进一步研究方向

本书研究了制造业出口技术结构升级的机理及影响机制，探讨了我国制造业出口技术结构的现状和主要发达国家的比较，深入剖析了影响我国制造业出口技术结构的因素，并从总体分区域分时期分别进行了实证分析，实证结果显示：人力资本对我国制造业出口技术结构升级的作用越来越大，外商直接投资的作用越来越小；东中西部地区的经济发展状况不同，影响因素的作用也不同。关于制造业出口技术结构，一方面可以深入探讨我国对特定国家和地区的出口技术结构；另一方面可以研究个别内部因素，如人力资本积累的具体影响及效应。

附　录

附表 1　ISIC 与国民经济行业分类（2002）、国民经济行业分类（2011）对照

WIOD	ISIC Rev4	2002 年	行业名称	2011 年
c05	C10 ~ C12	13、14、15、16	食品、饮料及烟草业	13、14、15、16
c06	C13 ~ C15	17、18、19	纺织、服装及皮革业	17、18、19
c07	C16	20	木材加工（家具除外）及木、藤、棕、草制造品业	20
c08	C17	22	造纸及制品业	22
c09	C18	23	印刷及出版业	23
c10	C19	25	炼焦及石油业	25
c11	C20	26、28	化工产品制造业	26、28
c12	C21	27	医药制品业	27
c13	C22	29、30	橡胶及塑料制品业	29
c14	C23	31	其他非金属矿物制品业	30
c15	C24	32、33	基本金属制品业	31、32
c16	C25	34	金属制品业（机械设备除外）	33
c17	C26	40、41	计算机、电子及光学设备制造业	39、40
c18	C27	39	电器设备制造业	38
c19	C28	36	机械设备制造业	35
c20	C29	37	小汽车、拖车、半挂车制造业	36
c21	C30	37	其他运输设备制造业	37
c22	C31 ~ C32	21、24、42	家具制品及其他制造业	21、24、41

附表2　41个国家2000～2014年的出口复杂度

国家	2000年	2001年	2002年	2003年	2004年	2005年	2006年	2007年	2008年	2009年	2010年	2011年	2012年	2013年	2014年
AUS	19961.93	20769.96	21649.6	22426.8	23756.07	25229.05	27708.29	29518.11	31447.35	30150.44	31244.48	32952.59	33882.68	35195.59	36124.98
AUT	20336.39	21164	22117.08	22781.08	24122.72	25374.52	27595.43	29455.37	30873.94	29884.12	30947.12	32508.5	33153.06	34429.79	35536.83
BEL	20289.12	21227.39	22321.01	22945.82	24293.34	25524.51	27718.17	29638.44	31043.38	30354.52	31636.55	33212.13	33889.34	35260.83	36475.6
BGR	18633.72	19564.06	20299.6	21055.52	22462.16	23773.97	26191.29	28407.31	29679.67	28788.81	30085.45	31544.94	32244.76	33402	34695.34
BRA	19481.37	20185.45	20963.86	21418.61	22747.22	24232.35	26620.81	28351.84	29991.06	28609.88	29821.32	31401.31	32187.69	33179.68	34026.98
CAN	20163.92	20977.31	21821.52	22525.22	23820.25	25186.45	27556.51	29373.91	31035	29848.06	30915.53	32514.33	33345.9	34601.57	35481.42
CHE	21733.65	22555.09	23663.37	24472.11	26005.78	27375.08	29930.81	31820.19	32989.3	32023.62	33022.07	34614.28	35362.35	36757.5	37765.78
CHN	19060.34	19898.67	20837.29	21481.34	22794.38	23942.8	26210.11	28138.73	29722.95	28672.41	29806.17	31376.84	32082.81	33276.24	34335.67
CYP	20704.76	21683.93	22747.15	23500.71	25244.37	26606.94	29199.02	31270.9	32829.21	32062.96	32952.46	34501.6	35575.4	36857.19	37771.94
CZE	19746.87	20618.78	21478.05	22191.21	23506.63	24601.24	26769	28690.01	30099.61	29145.08	30293.12	31731.88	32390.88	33571.5	34554.32
DEU	20639.15	21518.02	22465.94	23091.75	24482.45	25677.51	27830.2	29692.22	31092.7	30151.9	31209.63	32644.38	33291.99	34514.41	35591.5
DNK	20296.03	21233.3	22218.03	22938.79	24345.66	25718.55	27927.4	29776.2	31396.93	30490.91	31657.19	33188.94	33905.36	35264.95	36372.76
ESP	20040.12	20942.85	21863.28	22509.9	23903.23	25212.76	27526.58	29408.62	30729.54	29697.3	30594.52	32089.27	32746.87	33925.39	35000.38
EST	18819.42	19680.2	20560.03	21308.53	22810.19	24259.33	26566.08	28504.05	30177.24	29141.75	30165.83	31557.17	32175.66	33434.64	34575.52
FIN	20410.41	21244.28	22081.75	22722.88	24088.31	25385.94	27560.17	29439.23	30855.87	29938.59	30954.94	32443.27	33191.33	34317.24	35452.75
FRA	20499.26	21415.85	22376.88	23011.45	24436.12	25686.49	27985.83	29835.43	31180.84	30333.52	31684.76	33201.4	33845.97	35141.35	36278.37
GBR	21291.86	22283.05	23366.94	24189.12	25741.44	27066.99	29698.25	31677.42	32896.15	32123.41	33136.13	34651.33	35343.16	36732.66	37998.4
GRC	19346.63	20385.91	21549.42	22368.52	24154.94	25333.6	27735.14	29632.77	31095.46	30050.28	30998.13	31942.8	32583.37	33719.84	34712.39
HRV	19576.7	20603.88	21542.11	22253.29	23630.02	24877.68	27139.37	29050.18	30630.61	29585.02	30724.92	32218.57	32907.62	34092	35145.24
HUN	19786.94	20677.79	21669.93	22421.62	23737.5	24943.44	27133.66	28908.44	30302.65	29486.27	30598.45	32112.1	32688.55	33783.08	34812.58
IDN	18788.26	19460.05	20120.57	20835.55	22114.33	23443.22	25697.84	27439.73	29200.94	28101.41	29254.14	31001.63	31929.39	32956.14	33615.11

续表

国家	2000年	2001年	2002年	2003年	2004年	2005年	2006年	2007年	2008年	2009年	2010年	2011年	2012年	2013年	2014年
IND	18549.63	19485.76	20437.47	21195.8	22610.94	23860.33	25971.83	27770.19	29306.9	28340.09	29297.57	30829.87	31472.64	32519.54	33574.21
IRL	21937.57	23240.2	24913.32	25365.17	26834.47	28002.77	30560.5	32352.51	33535.73	32832.54	34023.52	35608.91	36186.3	37161.16	38332.05
ITA	20072.78	20943.33	21925.01	22593.9	23968.64	25183.87	27406.41	29271.73	30701.65	29762.76	30904.85	32395.32	33064.66	34260.84	35366.58
JPN	20498.07	21289.06	22149.19	22768.9	24074.72	25202.35	27395.5	29203.96	30540.68	29501.3	30641.33	32187.8	32853.53	33920.02	34913.26
KOR	20045.77	20854.91	21886.29	22577.3	23886.53	25185.64	27368.81	29294.88	30499.17	29380.3	30464.31	31928.09	32546.41	33667.45	34788.45
LTU	18492.67	19315.76	20226.01	20832.92	22180.6	23356.87	25638.38	27709.73	29197.12	28503.21	29417.51	30848.97	31428.09	32708.66	33822.5
LUX	23458.73	23982.78	25203.84	26072.77	27884.02	29534.99	32853.12	34902.04	35184.66	34473.83	36125.82	37543.55	38214.72	39866.15	41194.48
LVA	18671.34	19660.88	20547.45	21400.56	22773.82	24283.81	26999.68	28968.54	30549.12	29280.48	30017.21	31756.94	32377.88	33736.82	34925.4
MEX	19575.44	20413.79	21245.25	21825.07	23055.8	24450.09	26635.47	28430.34	30173.2	28842.96	29907.21	31612.48	32403.87	33524.6	34280.56
MLT	20551.49	21491.07	22424.15	23045.69	24756.33	26357.81	28978.6	30587.5	31791.86	31094.69	32246	34061.72	34734.55	35951.39	37412.38
NLD	20476.94	21375.2	22378.49	23080.62	24505.09	25699.08	27908.41	29703.83	31185.12	30433.85	31667.29	33214.81	33938.96	35540.08	36548.34
NOR	20050.65	20851.31	21488.28	22237.56	23524.3	25046.17	27572.72	29207.32	31435.71	30012.41	30924.72	32650.33	33709.76	35015.35	35742.44
POL	19412.49	20281.56	21165.64	21812.79	23033.05	24307.52	26496.21	28438	29967.35	28966.6	30087.38	31575.72	32237.76	33423.91	34432.1
PRT	19285.44	20097.93	21028.14	21765.49	23287.69	24571.75	26875.6	28825.14	30372.47	29418.19	30535.93	32085.73	32633.63	33757.54	34838.67
ROU	19010.2	19759.33	20406.9	20994.51	22289.92	23560.18	25862.07	27980.04	29400.19	28369.12	29473.47	31048.26	31985	33415	34558.53
RUS	18899.91	19800.39	20511.42	21256.17	22486.57	23878.96	26314.95	28120.44	30138.78	28842.75	29844.52	31663.45	32601.8	33817.25	34617.64
SVN	19983.61	20900.53	21931.28	22682.37	24068.19	25177.65	27478.62	29329.22	30781.02	29888.68	31018.76	32483.05	33084.91	34329.4	35369.04
SWE	20586.35	21444.4	22360.25	22966.53	24394.8	25630.88	27771.05	29616.95	31009.41	30036.11	30967.88	32559.52	33288.4	34591.92	35659.08
TUR	18784.21	19696.99	20243.53	20825.35	22210.14	23304.56	25528.27	27538.48	29109.67	28083.32	29013.11	30351.08	31051.99	32067.07	32927.07
USA	21093.82	22074.21	23158.45	23770.92	25181.15	26484.51	28810.55	30700.65	31860.1	31158.26	32285.04	33775.83	34494.82	35731.4	36898.63

附表3　各省份直辖市 2009～2016 年出口复杂度

省份	2009 年	2010 年	2011 年	2012 年	2013 年	2014 年	2015 年	2016 年
上海	35340.84	39229.65	43822.88	46592.4	50170.02	53467.95	55487.46	59168.98
云南	23186.86	27826.95	32956.24	36945.33	44394.24	48201.87	49164.72	52463.3
内蒙古	25595.7	30181.51	36825.27	41651.57	45709.18	48749.13	50519.64	54063.97
北京	35399.63	39123.36	43411.39	46688.78	50699.49	54300.96	55823.3	59923.49
吉林	27419.91	32453.11	38881.78	43369.69	47402.07	51502.17	53250.36	57255.31
四川	31905.77	35914.34	43557.52	47048.16	50779.93	54044.17	55318.28	58499.44
天津	34564.12	38368.8	43429.54	46435.3	50211.7	53659.46	55582.04	59599.51
宁夏	25131.17	29647.43	36271	40864.55	44565.61	49583.18	51044.06	54464.11
安徽	27953.15	32770.96	39482.23	43071.88	47154.11	51418.03	53755.44	58076.79
山东	29970.52	34412.19	39818.01	43409.78	47315.26	51123.2	53570.03	57816.02
山西	28059.13	31692.41	38553.34	43953.8	48557.7	51568.71	53137.15	56834.48
广东	34813.09	38426.97	43396.1	46005.41	49597.67	52663.24	54948.4	58996.93
广西	27174.66	32392.99	38382.02	43255.5	47327.05	50787.9	53285.06	56760.83
新疆	26922.37	31610.58	37743.23	41637.45	44963.05	47837.47	50978.62	54435.63
江苏	34584.72	38515.27	43014.35	45931.9	49531.45	52914.95	55143.5	58819.72
江西	28185.85	33540.18	39555.1	42663.43	45996.47	49756.47	52052.23	55664.11
河北	28565.15	33558.63	39612.71	43354.33	47487.01	51025.42	53074.65	57151.06
河南	26933.66	31464.41	40208.37	45999.79	49726.84	52799.23	54998.62	58114.64
浙江	28824.62	33849.51	40224.88	43640.86	47285.7	51115.73	54071.81	58608.11
海南	25582.42	31504.49	39024.37	42627.75	46169.8	47577.73	50226.48	51729.84
湖北	29933.05	35222.84	40490.19	44315.25	48134.25	51163.94	53482.87	57221.59
湖南	26767.28	31751.46	37894.77	42490.36	46723.67	50176.98	53045.81	56430.08
甘肃	25866.55	30180.5	36245.83	41387.06	45671.14	48809.56	51786.7	56682.82
福建	30375.54	34675.95	40232.25	43051.06	46710.11	50264.01	52790.45	56718.09
西藏	27492.92	31941.71	37723.69	41420.22	43765.95	45614.44	49161.17	52416.91
贵州	25190.91	27748.23	32849.11	37730.69	43535.48	46754.21	51285.21	53975.67
辽宁	28925.41	33657.9	40016.81	44045.93	47921.14	51060.42	53138.15	57398.08
重庆	28088.56	34091.03	43005.21	46454.12	51340.04	54056.35	56053.81	59449.63
陕西	29078.07	35879.26	40557.84	44306.9	49435.29	53976.46	55827.84	58921.86
青海	25644.15	29852.23	36498.39	41764.29	44538.3	47368.54	50370.94	54627.32
黑龙江	27368.89	32378.16	39013.59	42875.49	46449.28	49684.14	53220.96	57464.69

参考文献

［1］蔡中华，王一帆，董广巍．中国在"一带一路"国家专利与出口结构关系的研究——基于行业层面相似度指数的分析［J］．国际贸易问题，2016（7）：61－71．

［2］曾世宏，郑江淮．企业家"成本发现"、比较优势演化与产品空间结构转型——基于江苏经济发展的案例研究［J］．产业经济研究，2010（1）：9－15．

［3］陈晓华，黄先海．中国出口品技术含量变迁的动态研究——来自50国金属制品1993~2006年出口的证据［J］．国际贸易问题，2010（4）：3－12．

［4］陈晓华．产业出口复杂度演进的动因与效应研究［D］．浙江大学，2012．

［5］丁芳萍．金砖四国出口技术结构的比较研究［D］．安徽财经大学，2015．

［6］丁小义，胡双丹．基于国内增值的中国出口复杂度测度分析——兼论"Rodrik 悖论"［J］．国际贸易问题，2013（4）：40－50．

［7］董直庆，陈锐，张桂莲．我国出口技术结构优化了吗？——基于UNC数据的实证检验［J］．吉林大学社会科学学报，2011（5）：118－125．

［8］杜传忠，张丽．中国工业制成品出口的国内技术复杂度测算及其动态变迁——基于国际垂直专业化分工的视角［J］．中国工业经济，2013（12）：52－64．

［9］杜向云，周升起．我国创意产品价值增值能力分析——基于"成本发现"［J］．国际经贸探索，2015，31（8）：29－43．

［10］杜晓英．金融发展对出口复杂度的影响机制［J］．当代经济研究，

2015（1）：86－92.

[11] 杜修立，王维国. 中国出口贸易的技术结构及其变迁：1980~2003 [J]. 经济研究，2007（7）：137－151.

[12] 樊纲，关志雄，姚枝仲等. 国际贸易结构分析：贸易品的技术分布 [J]. 经济研究，2006（8）：70－80.

[13] 范爱军，常丽丽. 中日韩进口贸易技术结构的测度与比较 [J]. 经济学家，2010（8）：47－53.

[14] 高春婷. 中国出口品技术含量与出口技术结构的估算 [D]. 吉林大学，2010.

[15] 顾国达，郭爱美. 金融发展与出口复杂度提升——基于作用路径的实证 [J]. 国际经贸探索，2013，29（11）：101－112.

[16] 关志雄. 从美国市场看"中国制造"的实力——以信息技术产品为中心 [J]. 国际经济评论，2002（4）：5－12.

[17] 郭将，赵景艳. 产品空间结构视角下的产业升级研究——以江苏省装备制造业为例 [J]. 技术与创新管理，2016，37（2）：204－209.

[18] 华广敏. 全球价值链下中美两国出口品技术含量的动态研究 [J]. 国际贸易问题，2012（6）：69－81.

[19] 黄先海，陈晓华，刘慧. 产业出口复杂度的测度及其动态演进机理分析——基于52个经济体1993~2006年金属制品出口的实证研究 [J]. 管理世界，2010（3）：44－55.

[20] 贾瑛. 中国对外直接投资与出口贸易结构关系研究——基于逆向技术溢出效应 [J]. 金融经济（理论版），2015（6）：30－32.

[21] 雷日辉，张亚斌. 金融发展对国家出口产品技术复杂度提升的验证 [J]. 求索，2013（1）：20－22.

[22] 李磊，刘斌，郑昭阳等. 地区专业化能否提高我国的出口贸易技术复杂度？[J]. 世界经济研究，2012（6）：30－37.

[23] 李荣林，姜茜. 进出口贸易结构对产业结构的影响分析——基于产品技术附加值的研究 [J]. 经济与管理研究，2010（4）：83－91.

[24] 刘斌，李磊，郑昭阳. 金融发展与中国出口贸易技术复杂度提升

[J]．当代经济研究，2012（6）：87 – 92.

[25] 刘兆国，乔亮．日本制造业国际竞争力与发展趋势研究——基于产品空间结构理论的再审视 [J]．现代日本经济，2016（3）：1 – 13.

[26] 刘竹青，佟家栋，许家云．地理集聚是否影响了企业的出口决策？——基于产品技术复杂度的研究 [J]．产业经济研究，2014（2）：73 – 82.

[27] 刘钻石，张娟．中国出口贸易品技术结构的测算 [J]．世界经济研究，2010（3）：68 – 72.

[28] 陆菁，陈飞．金融创新对我国高技术产业出口复杂度的影响分析 [J]．国际经贸探索，2015，1（5）：47 – 61.

[29] 逯宇铎，孙博宇．技术进步、效率增进对我国出口贸易结构影响机制研究——基于技术含量角度的实证分析 [J]．世界经济研究，2012（2）：27 – 32.

[30] 马建全，宋文玲．中国出口产品比较优势动态变化实证分析：1998 ~ 2008 年 [J]．经济与管理，2010，24（8）：14 – 20.

[31] 马静，王自锋．金融发展对比较优势与国际贸易结构的影响 [J]．开放导报，2006（3）：103 – 106.

[32] 马淑琴，谢杰．网络基础设施与制造业出口产品技术含量——跨国数据的动态面板系统 GMM 检验 [J]．中国工业经济，2013（2）：70 – 82.

[33] 彭华．经济转型背景下日本贸易技术结构的演进研究——基于 1960—1988 年数据的实证分析 [J]．对外经贸，2014（2）：50 – 53.

[34] 柴江艺，许和连．行业异质性、适度知识产权保护与出口技术进步 [J]．中国工业经济，2012（2）：79 – 88.

[35] 齐俊妍，王岚．贸易转型、技术升级和中国出口品国内完全技术含量演进 [J]．世界经济，2015（3）：29 – 56.

[36] 齐俊妍，王晓燕．金融发展对出口净技术复杂度的影响——基于行业外部金融依赖的实证分析 [J]．世界经济研究，2016（2）：34 – 45.

[37] 齐俊妍，王永进，施炳展等．金融发展与出口技术复杂度 [J]．世界经济，2011（7）：91 – 118.

[38] 齐俊妍．基于产品技术含量和附加值分布的国际贸易结构分析方法研

究［J］．现代财经：天津财经大学学报，2006，26（8）：64 – 68.

［39］齐俊妍．金融发展与贸易结构——基于 HO 模型的扩展分析［J］．国际贸易问题，2005（7）：15 – 19.

［40］史智宇．中国与东盟国家的出口相似性比较［J］．亚太经济，2004（2）：84 – 87.

［41］苏振东，周玮庆．出口贸易结构变迁对中国经济增长的非对称影响效应研究——基于产品技术附加值分布的贸易结构分析法和动态面板数据模型的经验研究［J］．世界经济研究，2009（5）：42 – 47.

［42］苏振东，周玮庆．出口贸易结构变迁对中国经济增长的非对称影响效应研究——基于产品技术附加值分布的贸易结构分析法和动态面板数据模型的经验研究［J］．世界经济研究，2009（5）：42 – 47.

［43］苏振东，周玮庆．我国对东盟的出口贸易结构及其变迁——基于产品技术附加值分布的贸易结构分析法和变系数面板数据模型的动态分析［J］．国际贸易问题，2009（3）：41 – 51.

［44］孙亚轩．日本制造业对外直接投资与出口技术结构升级［J］．亚太经济，2013（6）：51 – 55.

［45］孙致陆，李先德．世界农产品出口技术结构收敛了吗——基于主要农产品出口国 1995～2012 年数据的检验［J］．国际贸易问题，2015（5）：41 – 52.

［46］唐宜红，王明荣．FDI、出口相似度与我国出口商品结构优化［J］．国际经贸探索，2010（4）：34 – 41.

［47］王明益，毕红毅，张洪．外商直接投资、技术进步与东道国出口产品结构［J］．世界经济文汇，2015（4）：61 – 76.

［48］王培志，刘雯雯．中国出口贸易结构变迁及影响因素分析——基于技术附加值的视角［J］．宏观经济研究，2014（10）：52 – 60.

［49］王欣，王荣涛．基于技术含量角度分析中国出口贸易结构［J］．对外经贸，2009（1）：9 – 11.

［50］王岩，高鹤．中国高技术产品出口贸易结构初探［J］．对外经贸实务，2012（6）：26 – 29.

［51］王永进，盛丹．施炳展等．基础设施如何提升了出口技术复杂度？［J］．经济研究，2010（7）：103-115.

［52］文东伟，冼国明，马静．FDI、产业结构变迁与中国的出口竞争力［J］．管理世界，2009（4）：96-107.

［53］文东伟．中国制造业出口的技术复杂度及其跨国比较研究［J］．世界经济研究，2011（6）：39-43.

［54］文东伟．中国制造业出口贸易的技术结构分布及其国际比较［J］．世界经济研究，2012（10）：29-34.

［55］伍业君，王磊，桑铁柱．中国地区经济复杂度与经济增长——基于省级面板数据的实证分析［J］．当代财经，2013（6）：87-97.

［56］伍业君，王磊．比较优势演化、产业升级与中等收入陷阱［J］．广东财经大学学报，2012，27（4）：23-30.

［57］伍业君，王磊．经济增长源泉的再探索——基于154个经济体复杂度的动态面板分析［J］．国际贸易问题，2013（1）：31-46.

［58］伍业君，张其仔，徐娟．产品空间与比较优势演化述评［J］．经济评论，2012（4）：145-152.

［59］伍业君，张其仔．比较优势演化与经济增长——基于阿根廷的实证分析［J］．中国工业经济，2012（2）：37-46.

［60］伍业君．比较优势演化与经济增长——理论与实证［D］．中国社会科学院研究生院，2012.

［61］武海峰，刘光彦．对外贸易、产业结构与技术进步的互动关系研究［J］．山东社会科学，2004（7）：35-38.

［62］许治，王思卉．中国各省份出口商品技术复杂度的动态演进［J］．中国工业经济，2013（8）：44-56.

［63］杨红，王晶．中日韩三国服务贸易技术结构及其演进研究——基于出口复杂度的实证［J］．国际商务：对外经济贸易大学学报，2014（2）：5-12.

［64］杨楷．产业集聚对我国出口贸易技术水平的影响研究［D］．首都经济贸易大学，2014.

［65］杨玲，徐舒婷．生产性服务贸易进口技术复杂度与经济增长［J］．国

际贸易问题，2015（2）：103 – 112.

[66] 姚洋，张晔. 中国出口品国内技术含量升级的动态研究——来自全国及江苏省、广东省的证据［J］. 中国社会科学，2008（2）：67 – 82.

[67] 姚耀军. 金融发展对出口贸易规模与结构的影响［J］. 财经科学，2010（4）：25 – 31.

[68] 叶灵莉，赵林海. 进口贸易结构与技术进步的实证研究［J］. 科学学与科学技术管理，2008，29（8）：134 – 139.

[69] 叶伟乐. 环境规制、技术创新与中国出口贸易结构升级［D］. 南京财经大学，2014.

[70] 张其仔. 比较优势的演化与中国产业升级路径的选择［J］. 中国工业经济，2008（9）：58 – 68.

[71] 张少军，刘志彪. 产业升级与区域协调发展：从全球价值链走向国内价值链［J］. 经济管理，2013（8）：30 – 40.

[72] 张妍妍. 产品空间结构演化与产业升级研究［D］. 吉林大学，2014.

[73] 赵冲，刘向丽，于左. FDI 流入的产业结构对我国出口贸易结构的影响［J］. 财经问题研究，2010（7）：81 – 88.

[74] 周靖祥，曹勤. FDI 与出口贸易结构关系研究（1978 ~ 2005 年）——基于 DLM 与 TVP 模型的检验［J］. 数量经济技术经济研究，2007，24（9）：24 – 36.

[75] 周学仁. FDI 技术水平与东道国出口贸易结构——基于中国数据的指标衡量与关系检验［J］. 财经问题研究，2012（2）：116 – 125.

[76] 朱明瑞. 金融发展对高技术产业出口复杂度的影响分析［D］. 华东师范大学，2016.

[77] 祝树金，陈艳，谢锐. "龙象之争"与"龙象共舞"基于出口技术结构的中印贸易关系分析［J］. 统计研究，2009，26（4）：25 – 32.

[78] 祝树金，奉晓丽. 我国进口贸易技术结构的变迁分析与国际比较：1985 – 2008［J］. 财贸经济，2011（8）：87 – 93.

[79] 祝树金，彭雅，王娟. 新兴七国进口贸易技术结构的度量及比较研究［J］. 湖南大学学报（社会科学版），2013，27（4）：44 – 50.

［80］ Baxter M, Crucini M J. Business Cycles and the Asset Structure of Foreign Trade ［J］. International Economic Review, 1992, 36 (4): 821 – 854; Helpman E. The Structure of Foreign Trade ［J］. Journal of Economic Perspectives, 1998, 13 (2): 121 – 144.

［81］ Bin X U, Jiangyong L U. Foreign Direct Investment, Processing Trade, and the Sophistication of China's Exports ［J］. China Economic Review, 2009, 20 (3): 425 – 439.

［82］ Bobo L, Licari F C. Education and Political Tolerance: Testing the Effects of Cognitive Sophistication and Target Group Affect ［J］. Public Opinion Quarterly, 1989, 53 (3): 285 – 308.

［83］ Chambet A, Gibson R. Financial Integration, Economic Instability and Trade Structure in Emerging Markets ［J］. Journal of International Money & Finance, 2008, 27 (4): 654 – 675.

［84］ Fang W C, Huai – Li M A. A Comparative Study on Effects of the Second China – ASEAN FTA Anniversary —An Inspection on the Indexes of Export Similarity and RCA ［J］. Journal of Anhui Administration Institute, 2012.

［85］ Feenstra R C, Lipsey R E, Deng H, et al. World Trade Flows: 1962 – 2000 ［J］. Nber Working Papers, 2005, 11 (3): 494 – 520.

［86］ Feng P C. InternationalR&D, Trade Structure and Independent Innovation of MNC ［J］. Asia – Pacific Economic Review, 2009.

［87］ Finger J M, Kreinin M E. A Measure of Export Similarity and Its Possible Uses ［J］. Economic Journal, 1979, 89 (356): 905 – 912.

［88］ Gordon, H. Hanson. 中国的出口模式: 似曾相识 ［J］. 经济学（季刊）, 2016 (3): 1275 – 1302.

［89］ Grossman G M. Technology and Trade ［J］. Cepr Discussion Papers, 1995, 269 (5220): 11.

［90］ Guo B N. Technology Spillover of FDI, Independent Innovation Ability and Export Trade Structure—An Empirical Review Based on the Provincial Dynamic Panel Data in China ［J］. Economic Survey, 2010.

［91］ Hausmann R. Structural Transformation and Patterns of Comparative Advantage in the Product Space ［J］. Ssrn Electronic Journal, 2006.

［92］ Hidalgo C A, Klinger B, Barabási A L, et al. The Product Space Conditions the Development of Nations. ［J］. Science, 2007, 317 (5837): 482 – 487.

［93］ Hummels D, Klenow P J. The Variety and Quality of a Nation's Exports ［J］. American Economic Review, 2005, 95 (3): 704 – 723.

［94］ Jaimovich E, Merella V. Love for Quality, Comparative Advantage, and Trade ［J］. Journal of International Economics, 2015, 97 (2): 376 – 391.

［95］ Jarreau J, Poncet S. Credit Constraints, Firm Ownership and the Structure of Exports in China ［J］. International Economics, 2014 (139): 152 – 173.

［96］ Jarreau J, Poncet S. Export Sophistication and Economic Growth: Evidence from China ［J］. Journal of Development Economics, 2011, 97 (2): 281 – 292.

［97］ Jun – Yan Q I. Finance Development and Trade Structure – An Additional Analysis Based on HO Model ［J］. International Trade Journal, 2005.

［98］ Kellman M, Schroder T. The Export Similarity Index: Some Structural Tests ［J］. Economic Journal, 1983, 93 (369): 193 – 198.

［99］ Kölling A, Schank T. Skill – biased Technological Change, International Trade and the Wage Structure ［J］. Revista Ciencia Agronomica, 2002, 42 (3): 644 – 651.

［100］ Robert Koopman, Powers W M, Zhi Wang, et al. Give Credit Where Credit is Due: Tracing Value Added in Global Production Chains ［J］. Nber Working Papers, 2010.

［101］ Koopman R, Wang Z. Tracing Value – Added and Double Counting in Gross Exports ［J］. Social Science Electronic Publishing, 2014, 104 (2): 459 – 494.

［102］ Lall S. The Technological Structure and Performance of Developing Country Manufactured Exports, 1985 ~ 1998 ［J］. Oxford Development Studies, 2000, 28 (3): 337 – 369.

［103］ Lederman D, Maloney W F, Lederman D, et al. Trade Structure and

Growth [J] . Natural Resources Neither Curse Nor Destiny, 2007: 15 – 39.

[104] Posner M V. International Trade and Technical Change [J] . Oxford Economic Papers, 1961, 13 (3): 323 – 341.

[105] Robert Koopman, William Powers, Zhi Wang, et al. Give Credit Where Credit is Due: Tracing Value Added in Global Production Chains [J] . Ssrn Electronic Journal, 2010.

[106] Rodrik D. What You Export Matters [J] . Journal of Economic Growth, 2007, 12 (1): 1 – 25.

[107] Sanjaya Lall. The Technological Structure and Performance of Developing Country Manufactured Exports, 1985 ~ 1998 [J] . Oxford Development Studies, 2010, 28 (3): 337 – 369.

[108] Schott P K. The relative sophistication of Chinese exports [J] . Economic Policy, 2008, 23 (53): 5 – 49.

[109] Shao G, Yin X. Competition Analysis of the Third Market in Aquatic Product Trade of China and Thailand Based on Export Similarity Index [J] . Business Economy, 2010.

[110] Shi Z. Export Similarity and Trade Competition: A Comparative Study on China and ASEAN Countries [J] . Finance & Trade Economics, 2003.

[111] Wang J, Wang X. Benefits of Foreign Ownership: Evidence from Foreign Direct Investment in China [J] . Journal of International Economics, 2015, 97 (2): 325 – 338.

[112] Ye L, Wang Z. Import Tradestructure, Human Capital, and Technological Progress [J] . Science Research Management, 2008, 29 (6): 82 – 88.

[113] Yue M A, Tang H, Zhang Y. Factor Intensity, Product Switching, and Productivity: Evidence from Chinese Exporters [J] . Journal of International Exporters, 2014.